대학생활 고민상담 매뉴얼

교수님,
제 대학생활은
왜 힘들죠?

김상균 지음

홍릉과학출판사

머리말

> '불행하게도, 꿈을 많이 꾸면 악몽을 꿀 확률도
> 그만큼 높아진다.'[1)]

영국의 영화배우이자 작가였던 피터 유스티노프가 남긴 말입니다. 많은 꿈을 꾸고 있기에 우리는 그 꿈만큼이나 많은 고민을 품고 살아갑니다. 임종을 앞둔 사람은 자신에 대해 고민하지 않습니다. 지나온 삶과 남겨진 사람들에 대한 후회와 걱정이 있을 뿐이지, 스스로에 대한 고민은 사라진지 오래입니다. 스스로에 대한 고민이 있음은 꿈꿀 수 있는 찬란한 미래가 당신에게 있음을 의미합니다.

찬란한 미래가 여러분에게 던져 준 고민들을 곁에서 지켜보며, 그 동안의 시간들을 한 권의 책으로 정리했습니다. 학생들의 고민을 그저 들어주고 함께 걱정할 뿐 내가 도울 게 많지 않음을 늘 느낍니다. 그래도 여러분 스스로 생각을 정리하기에 작은 길잡이가 되길 바라며 몇 가지내용을 추려봤습니다.

악몽을 두려워말고, 늘 꿈을 꾸며 살아가는 우리가 되기를 바랍니다.

- 김상균

---

1) 'Unfortunately, a superabundance of dreams is paid for by a growing potential for nightmares.'

_이런 분들에게 이 책을 권합니다

우왕좌왕 대학생활을 하고 있는 대학생들에게

여러분의 선배들이 실제 상담과정에서 문의했던 질문과 답변들을 모았습니다. 여러분 부모님, 학과 교수님, 선배, 친구들의 의견과 함께 이 글도 참고해보기 바랍니다.

대학에서 학생 상담을 하시는 교수님들에게

학생 상담은 늘 어렵습니다. 그 어려운 대화에 대한 제 짧은 경험을 여기에 나눕니다.

대학 입시를 끝낸 예비 대학생들에게

대학 생활에 대한 막연한 두려움, 동경, 궁금증에 대한 조금의 해답을 이 글에서 찾기 바랍니다.

대학생 자녀를 두신 학부모님들에게

우리 자녀들이 아이에서 어른이 되어 사회로 나가는 준비단계, 이 과정에서 그들을 아프게 하는 고민들이 여기 있습니다. 함께 해결책을 찾아주시면 좋겠습니다.

그리고 우리시대 젊은이들을 이해하고 싶은 분들에게

누군가의 고민, 갈망을 이해하는 것은 그 사람을 온전하게 이해하기 위한 첫 단계라 생각합니다.

_차례

1학년

상큼하지 못한 시간을 보내는 새내기에게

2학년

신입생 애기들과 달라지려는 2대에게

3학년

내년을 두려워하는 어설픈 선배에게

4학년

절벽 아래를 바라보고 있는 반쪽 어른에게

서른 즈음에

대학시절을 떠나보낸 당신에게

1학년

상큼하지 못한 시간을 보내는
새내기에게

여러분의 흥, 기대감을 깨고 싶지는 않지만, 여러분이 느끼기에도 대학 1학년의 생활이 고등학교 때 가졌던 막연한 기대감에 비해서는 눅눅하게 여겨질 겁니다.

중학생이 고등학생이 되는 것보다 고등학생이 대학생이 되는 과정에서 더 큰 변화가 오는데, 이러한 변화에 어떻게 대처할지 막막할 겁니다. 그러한 막막함이 여러분의 생활을 생기 없게 만들고, 시간이 지난 후에 내가 그 때 왜 그랬을까하는 아쉬움을 남깁니다.

대학이라는 낯선 곳에서의 생활, 이렇게 시작해봅시다.

1. 뭔가 특별한 대학생활을 꿈꿨는데…

고등학생들이 꿈꾸는 대학

요즘 학생들은 그나마 현실적으로 대학을 바라보는 편입니다. 좀 민망하지만 내 경험을 돌이켜보면 이렇습니다. 아름다운 이성과 연애를 하고, 풀밭에 앉아 선후배들과 뭔가 이야기도 나누고, 교수님은 가끔씩 매우 기괴한 과제나 토론유도로 학생들을 압도하고, 무전여행도 가고, 이런 것들이 내가 고등학교 시절에 꿈꿨던 대학에 대한 로망입니다. 내 주변 친구들도 거의 다 그러했으니, 나 혼자 민망해할 일은 아닙니다. 여러분의 로망과 1학년 현재 여러분이 경험하고 느끼는 대학생활 사이에는 얼마만큼의 괴리감이 있나요?

우리의 현실

대학에 이성 친구는 적잖아도 막상 내가 꿈꾸던 이상형과 연애하기는 어렵죠? 선배들을 보면 자격증, 스펙, 취업 준비 등으로 어딘가 우울하고 늘 바쁘게 보일 겁니다. 교수님들의 수업은 대부분 지루하고, 수업방식도 여러분의 이상과는 거리가 멉니다. 여행을 가려고 해도 비싼 등록금이나 생활비 때문에 그리 쉽지는 않지요. 이런 것들만이 대학이 줄 수 있는 로망은 아니지만, 아무튼 여러분이 느끼는 상황은 이와 비슷하리라 봅니다. 꿈꿨던 모습은 아름답지만, 눈에 보이는 현실은 빡빡한 일정, 어두운 앞날, 얄팍한 지갑, 부족한 정보와 기회로 여러분을 우울하게 만듭니다.

그렇다면 사회는? 꿈 깨세요.

직장생활, 사회에 대해서는 어떤 로망이 있나요? 드라마 속 직장을 꿈꾸는 학생들은 다행히도 못 봤습니다. 하는 일 마다 술술 풀리고, 갑자기 임원분이 나타나서 나를 격려해주고, 일하는 비중은 적고 사내 연애를 즐기고, 동료 모두가 가족 같은 분위기에서 일하며, 새로운 도전이 늘 성공하는 회사, 이런 드라마 속 직장은 현실에 거의 없습니다. 단언컨대, 이 모든 조건을 동시에 갖춘 직장은 지구상에 한 곳도 없습니다.

돌 맞을 수 있는 이야기지만, 사회의 현실은 대학생활보다 더 빡빡합니다. 너무 우울해지나요? 대학생활이 여러분의 기대에 못 미친다고 해서, 어둠만으로 점철된 것은 아니죠? 사회도 마찬가지 입니다. 기대치보다 어두운 면이 많겠으나, 그 속에 즐거움과 행복도 많습니다. 다만 너무 지나친 환상을 갖지 말라는 의미입니다.

현재의 로망은 정녕 포기해야 하나요?

현재의 대학생활, 앞으로 하게 될 사회생활, 이 둘 모두가 여러분의 머릿속 로망보다는 척박할 겁니다. 로망을 버리라는 게 아닙니다. 여러분의 마음가짐, 생활태도에 따라 더 멋진 일들을 현실로 만들 수 있습니다.

여러분이 꿈꾸던 대학의 로망이 현실과 거리가 먼 데는 크게 두 가지

요인이 있습니다. 첫째, 외적요인입니다. 어려운 경제상황, 고집불통 교수님, 낙후된 학교 시스템 등이 해당됩니다. 이러한 부분은 여러분이 바꾸기에 어려운 면이 많습니다. 둘째, 내적요인입니다. 여러분이 스스로 그러한 로망을 얼마나 구체적으로 그려봤는지, 그 그림을 실현하기 위해 얼마나 노력했는지 생각해보기 바랍니다. 인생의 꿈이 실현되지 않는 원인을 자기 자신에게 찾아봐도 이와 같습니다. 자신의 꿈이 너무 모호했거나, 그 꿈을 이루려는 노력이 부족했기 때문입니다. 알 수 없는 목표는 처음부터 도달할 수 없는 것이고, 노력 없이 도달할 수 있는 목표는 없잖아요. 대학 생활 중 이루고자 하는 것들을 구체적으로 적어보고, 각각을 스스로 실천해보기 바랍니다. 작건 크건 이런 저런 목표들을 적어보고 하나 둘 실천하다 보면 생각지도 못한 기회, 행운이 찾아오게 됩니다. 여러분 스스로 하나 둘 로망을 실천하다보면, 여러분이 꿈꾸지도 못했던 거대한 로망이 찾아옵니다. 뭘 해볼지 잘 모르겠다고요? 몇 가지 추천해 보겠습니다.

- **국토 순례:** 예산 부족으로 해외에 나가기 어렵다면, 대학 생활 중에 시간 될 때마다, 혼자 또는 친구들과 우리나라 곳곳을 다녀보는 겁니다. 예능, 다큐 프로그램에서 소개된 장소도 좋고, 혹시 친구끼리 다닌다면 각자의 고향을 찾아가 봐도 좋습니다. 여행에 투자한 시간과 돈은 여러분의 삶에서 그 몇 배의 시간과 돈으로 돌아옵니다. 좀 이상한 계산 같습니까? 인생선배인 나를 믿어보세요.
- **새로운 아르바이트 도전:** 다양한 아르바이트를 해보는 것도 삶에 도움이 됩니다. 당장의 경제적 소득도 있겠으나, 그 보다는 앞으로의 긴 삶에 도움이 됩니다. 경제적 소득은 단기간에 소비되지만, 그 경험은 여러분의 삶에 끝까지 남습니다. 아르바이트를 하면서 다양한 사회 분야의 일, 다양한 사람과 부딪혀보기 바랍니다. 단, 상

처를 받았다면 그냥 덮어두지 말고 잘 치료하면서 해야 합니다.

- **교수님 조르기:** 수업에 대한 내용은 당연히 꼬치꼬치 캐물어야 합니다. 그 외에 여러분의 진로, 공부하는 방법, 사는 방법 등 다양한 주제를 가지고 교수님들을 괴롭히기 바랍니다. 대학에 있는 교수들의 지식수준은 어느 사회에서건 상위 그룹에 해당됩니다. 교수들의 인성이 그들의 지식수준에 버금가게 높다고 단정할 수는 없기에, 여러분이 교수님들에게 다가가는 과정에서 적잖은 상처를 받을 수도 있습니다. 그래도 조르세요. 할 수 있을 때 충분히 그분들의 능력을 활용하기 바랍니다. 교수님을 자꾸 조르다보면 전공 공부에 대한 여러분의 애정과 이해도도 쑥쑥 커갑니다.
- **나만의 취미 가지기:** 취미란에 혹시 아직도 독서, 영화감상을 적습니까? 나쁜 것은 아니지만, 그 외에 좀 더 특별한 취미를 더해보기 바랍니다. 운동, 음악, 미술, 무엇이든 좋습니다. 가능하다면 운동 하나, 예술 하나 이렇게 취미가 생기면 참 좋겠네요. 운동은 앞으로의 삶에 육체적 에너지를 채워주고, 예술은 정신적 에너지를 줍니다. 노벨상 수상자들의 취미 중 절대다수는 미술, 음악 등 예술적 취미입니다. 여러분이 노벨상을 목표로 하지 않더라도, 그런 취미를 갖고 있으면 '저 친구 정말 창의적이다. 기획력 좋다. 모르는 게 없다.'등 매우 다양한 긍정적 평가를 받게 됩니다.
- **나서보기:** 학과 임원, 학생회 임원, 동아리 임원 등 다양한 리더의 기회가 있습니다. 가능하다면 이런 기회를 모두 피하지만 말고, 한 번이라도 나서서 해보기 바랍니다. 정 어렵다면 수업 과제의 조장이라도 몇 번 맡아보기 바랍니다. 모든 학생에게 리더가 되라는 의도는 아닙니다. 여러분이 평생 팔로워(follower)의 위치에서 살 수도 있습니다. 그러나 좋은 팔로워가 되기 위해서도 최소한 몇 번의 리

더 경험은 필요합니다. 그래야 리더의 입장, 마음을 이해할 수 있으니까요. 그러니 실패해도 큰 탈이 없는 대학생활 중에 리더를 해보기 바랍니다.

- **도서관 쓸어버리기:** 대부분의 대학 도서관에는 최소한 수 만권의 서적이 준비되어 있습니다. 다 읽을 수 없습니다. 다 읽기는커녕 1%도 보기 어렵습니다. 그러나 이 방법은 한번 도전해보기 바랍니다. 먼저 학교 도서관을 가봅시다. 서적들이 인문, 사회, 기술, 실용, 이런 식으로 분류되어 있습니다. 물론 세부적으로는 더 많은 분류가 있습니다. 주기적으로 도서관을 가서 이러한 분류를 하나씩 살펴보는 겁니다. 예를 들어 여러분이 산업공학과 학생이라면, 음악, 미술, 건축, 이런 분야들은 배울 경험이 거의 없습니다. 그렇다면 오늘 도서관을 가서 건축 분야 책이 진열된 공간을 쭉 훑어보는 겁니다. 우선 제목부터 이리저리 훑어봅니다. 좀 재미있는 제목을 달고 있는, 얇은 서적 몇 권을 골라서 자리에 앉습니다. 안에 있는 내용을 목차와 서론 위주로 쓱쓱 넘기며 살펴봅니다. 이렇게 하는 데 그리 많은 시간이 필요하지 않습니다. 물론 이렇게 한다고 해서 그 분야가 제대로 이해되지는 않습니다. 그러나 안 해보는 것 보다는 백배 도움이 됩니다. 여러분이 가지고 있는 지식그릇의 크기를 넓히는 데 효과적입니다.

네잎 클로버를 찾기 위해서는 정말 많은 토끼풀을 뒤져야 합니다. 한두 개 뽑아보고, 포기하지 마세요. 수업 시간표만 쫓아가고, 중간에 학생식당에서 밥 먹고, 벤치에서 수다 떨고, 그러다 집에 오는 생활만 반복해서는 어떤 로망도 이룰 수 없습니다. 하루가 그리고 일주일이 어찌 갔는지 모를 정도로 끊임없이 클로버를 뽑아보세요.

2. 수강신청은 어떤 식으로 하면 좋을까요?

고등학교 때와는 많이 다르죠?

고등학교 시절까지는 이미 확정된 시간표를 여러분이 주로 따라가는 형태였습니다. 일부 선택할 수 있는 과목이 있었으나, 아주 적었을 겁니다. 그런데 대학은 이와는 반대입니다. 일부 교과목을 필수로 수강해야 하고, 나머지 교과목은 여러분 스스로 선택해야 합니다. 1학년 1학기 학생의 경우는 다르게 생각할 수 있습니다. 대부분의 학교에서 1학년 1학기의 경우는 학과에서 미리 시간표를 거의 지정해주는 편입니다. 그러나 학년이 올라가면서 여러분의 결정에 따라 각자의 시간표가 각양각색이 됩니다. 스스로 선택할 수 있어 뿌듯하고 행복하지만, 선택해야 해서 혼란스럽고, 답답함도 느끼게 됩니다.

교양? 전공?

학교마다 명칭이 조금 다를 수 있으나, 기본적으로 대학의 교과목은 교양과 전공으로 나뉩니다. 전공은 말 그대로 여러분이 선택한 소속학과의 전공을 배우는 과목이고, 교양은 대학생에게 필요한 기본적 소양을 교육한다고 보면 됩니다. 전공은 보통 여러분 소속학과의 교수님들이 직접 강의하거나, 또는 그분들을 통해서 외부에서 초빙된 강사분들이 일부 담당하게 됩니다. 교양은 과목의 성격에 따라서 매우 다양한 학과의 교수분들이 담당하게 됩니다. 예를 들어 글쓰기는 국문학과, 경제개론에 대한 과목은 경제학과에서 담당하는 식입니다. 교양은 세부적으로 기초교양, 일반교양으로 나뉘고, 전공은 전공선택(전선), 전공필수(전필)로 나뉩니다. 물론 모든 학교가 동일하지는 않으나, 개념적으로는 비슷합니다. 교양 중에서 여러분이 필수적으로 들어야 하는 과목이 있고, 그 외에는 선택해서 이수(대학에서는 어떤 교과목을 수강하고, 학점을 취득해서 그 과목을 통과하게 되면, 그 과목을 이수했다고 함)하면 됩니다. 전공도 비슷합니다. 전필이라고 붙은 교과목은 졸업 전에 반드시 이수해야 하고, 전선은 여러분이 선택하면 됩니다.

결국 여러분의 고민은 교양, 전공에서 여러분이 선택할 수 있는 부분을 어떻게 결정하느냐 입니다. 필수로 수강해야 하는 교양, 전공의 경우도 몇 학년 몇 학기에 듣는 가에 따라서 수업시간, 담당교수에 변화가 있기는 합니다. 그러나 그 보다는 선택할 수 있는 교양, 전공에서 더 많은 차이가 생기므로, 주로 그 얘기를 하겠습니다.

우물형 지식 vs. T자형 지식

교양이건 전공이건 기본 원칙은 둘 중 하나입니다. 최대한 한 분야로 몰아서 듣는 것(우물형 지식: 우물처럼 좁고 깊게 파고들며 공부한다는 의미임)과 최대한 다양한 분야로 분산해서 듣는 것(T자형 지식: 알파벳 T자의 가로선처럼 넓게 공부하되, 일부 영역에 대해서는 세로선처럼 좀 더 깊게 공부한다는 의미임)입니다. 어느 한쪽이 절대적으로 좋은 방법이라고 쉽게 단정할 수는 없으나, 대학의 학부교육에서는 보편적으로 T자형 지식을 우선시 합니다. 우물형 지식은 대학원의 석사, 박사과정에서 목표로 하는 교육모델입니다.

T자형 지식의 수강방법은 이렇습니다. 예를 들어 산업공학과를 생각해봅시다. 산업공학과는 내부적으로 기술경영, 품질관리, 생산관리, 인간공학 등으로 학문분야가 세분화됩니다. 여러분이 만약에 여섯 개의 과목을 선택해야 한다고 가정합시다. 그러면 위에서 얘기한 기술경영, 품질관리, 생산관리를 한 과목씩 수강하고, 인간공학 교과목을 세 개 수강하는 게 T자형 공부입니다. 세로선, 가로선을 어떤 것으로 선택할지는 여러분 각자의 몫입니다. 위의 예에서 기술경영 분야가 마음에 안 든다고 아예 수강하지 않는 경우는 학부교육에서 바람직하지 않습니다. T자의 가로선을 기억하기 바랍니다.

이러한 선택 방식은 교양과목에서도 유사합니다. 어떤 학생은 경제경영 분야의 교양이 더 실용적이라고 그 쪽 분야만 최대한 몰아서 듣는 경우가 있습니다. 세상을 살아가는 데 있어서 미술, 음악, 연극, 법, 심리, 철학 등이 무관하게 보이나요? 애플의 전 CEO인 스티브 잡스는 서체 수업에서 영감을 얻어서 애플을 창업했습니다. 날개 없는 선풍기와 먼지봉투 없는 진공청소기를 세계 최초로 선보인 제임스 다이슨의 원래 전공은 미술, 디자인입니다. 살면서 가장 큰 문제는 개인의 가치관과 인생관인데, 이러한 것들을 위해 철학, 심리학을 이해해야 합니다. 여러분이 이런 분야에 대해 박사학위를 가진 분에게 45시간(한 학기에 한 과목의 강의시간이 보통 45시간 정도 됨)의 수업을 들을 수 있는 기회는 대학을 졸업하면 거의 없다고 봐야 합니다.

담당교수, 함께 듣는 친구들은 고려 안 해도 될까요?

학점을 잘 주는 교수, 안 주는 교수, 분명 그런 특성이 있습니다. 수업 부담도 담당 교수에 따라 천차만별입니다. 그래서 학생들의 마음이 흔들립니다. 배우는 내용 이외에 수업 부담이나 예상되는 학점 때문에 고민이 됩니다. 그런데 학생들이 미워서 일부러 학점을 최대한 박하게 주려는 교수는 없습니다. 다만 본인이 세운 학습목표의 기준이 다른 교수보다 좀 더 높아서, 즉 학생에 대한 기대치가 좀 더 높아서 그 결과로 학점을 좀 짜게 주는 겁니다. 나는 학생들이 가급적 기대 학점이나 수업 부담 보다는 수업 내용이나 수업 방식을 고려해서 과목을 선택하면 좋겠습니다.

수업 내용, 수업 방식을 어떻게 파악하면 될까요? 첫째, 강의계획서를 꼼꼼히 살펴보고, 담당교과목 교수에게 이메일로 궁금한 점을 미리 물어보기 바랍니다. 둘째, 수업을 먼저 들은 사람들에게 물어보면 됩니다. 그런데 이 경우 가급적 수업을 들은 지 이삼년이 지난 선배, 가능하면 졸업한 선배에게 물어볼 수 있으면 더욱 좋습니다. 반대 아니냐고요? 여러분의 한 두 학기 선배가 여러분보다 대단한 경험을 가지고 있지는 않습니다. 따라서 좀 더 거시적인 조언을 받으려면 수업을 들은 지 일정 기간이 경과한 사람의 의견이 더 좋습니다. 예를 들어 이렇습니다. 'OO 교과목은 막상 회사 나가보니 현업에서 거의 안 쓰는 10년 전 이론이더라. 좀 당황했어.', 'XX교과목에서 배운 이론을 글쎄 입사 첫날 팀장님이 불러서 바로 데이터정리 하라며 시키는 거야. 그거 몰랐으면 첫날부터 망신당할 뻔 했어.', 'OO과목은 왠지 모르게 자꾸 생각이나, 어딘가 삶에 녹아있는 느낌이야.'

함께 수업을 듣는 학우들도 중요합니다. 대학 수업에서는 조별로 하는 과제가 많아서, 수업 내에 아는 학생이 전혀 없으면 과제 수행에 어려움이 생깁니다. 그러나 이 경우도 해결책은 있습니다. 예를 들어 타 학과의 과목을 교양으로 듣는데, 아는 학우가 전혀 없다면, 조별과제 시작 전에 담당교과목 교수님을 찾아가서 상의하면 됩니다. 여차저차해서 이 과목을 열심히 공부해보고 싶은데, 아는 학우가 한 명도 없으니, 조별 과제가 진행되면 조 구성에서 이런 점을 고려해달라고 부탁하면 됩니다.

첫 주 수업을 듣고 난 후에 본인과 맞지 않으면 과감하게 다른 과목으로 변경하세요. 전공과목을 듣는 학생 중에 수강 변경을 담당교수에게 미안해하는 경우가 있는데, 전혀 그럴 필요 없습니다. 강의의 주인은 교수가 아닌 여러분입니다.

K군의 황당한 수강신청

새 학기 수강신청을 해야 하는 K군은 선배들에게 들을만한 과목들이 뭐냐고 물었습니다. 선배들은 빙긋 웃으며, 'A과목, B과목은 정말 필수지!'라고 했답니다. K군은 수강신청 기간의 시작과 함께 A, B과목을 바로 신청했습니다. 그런데 이상하게도 해당 과목을 듣는 학생 수가 10명 정도

였답니다. 그 이유를 2~3주가 흐른 후에 알았습니다. 선배들은 장난으로 A, B과목을 추천한 것이고, 정말 K군이 수강신청을 할 줄은 몰랐답니다.

K군은 20년 전 강의 자료를 쉼 없이 읽어주는 그 수업을 한 학기 동안 들으며, 스스로를 원망했습니다. 강의 계획서도 안 읽어보고, 여러 사람에게 묻지도 않고, 그렇게 성의 없이 수강신청을 한 K군 자신의 잘못입니다.

3학점 한 과목 수강에 한 학기 간 투자하는 시간은 90시간 가까이 됩니다. 강의 시간이 45시간이고, 여기에 리포트, 시험공부 등을 더하면 그 정도가 됩니다. 여러분이 내는 등록금이 수업료에만 사용되는 것은 아니지만, 여러분이 한 학기에 6~7과목을 듣는다면, 등록금이 저렴한 학교의 경우에도 한 과목에 최소 30만원, 비싼 경우는 100만원을 지불하고 수강하는 셈입니다. 제발 수강신청을 신중하게 해주세요.

3. 공강시간에 무엇을 하면 좋을까요?

공강시간, 당황스럽죠?

시간표 중간 중간에 한 두 시간씩 구멍이 뚫려있어서 당황했을 겁니다. 처음에는 시간표가 왜 이럴까했겠지만, 그 이유는 금세 알았을 겁니다. 학년이 올라갈수록 더 많은 공강시간이 랜덤하게 생길 테니 1학년 때 부터 공강시간 활용 스킬을 만들기 바랍니다.

공강시간 없게 시간표를 빡빡하게 짜면 어떨까요?

공강시간을 없게 하기 위해서, 과목 내용을 좀 무시하고 강의 시간위주로 시간표를 짜는 학생들도 있습니다. 본인이 듣고 싶은 과목, 들어야 하는 과목 등을 포기하고, 편한 시간대를 선택하는 방법입니다. 결코 권하고 싶지 않은 방법입니다. 대학에 온 첫 번째 목적은 공부입니다. 그 목적을 희생하면서 공강시간을 무리하게 없애지 말기 바랍니다. 공강시간을 없애서 그 시간을 더 유용하게 보내고, 더 많은 공부를 한다고요? 공강시간을 없애지 않고도 그 시간을 알차게 쓸 수 있는 방법은 많습니다. 다음 단락에서 얘기해보죠.

공강시간 어떻게 활용하죠?

수업과 수업 사이에 비는 한 두 시간을 모아보면 일주일에 적게는 네다섯 시간 많으면 열 시간이 훌쩍 넘습니다. 문제는 공강시간이 한 번에 한두 시간정도로 비교적 짧게 잡혀서, 그 시간에 어디 멀리 가서 뭔가를 하기에는 애매하다는 점입니다.

학교 근처 카페에서 수다 떨기, PC방 가서 오락하기, 학교 내 벤치에서 시간 보내기, 동아리방이나 과방에 가있기, 처음에 이렇게들 많이 합니다. 그러다 어느 순간 그 시간들이 아깝다는 생각, 지겹다는 생각이 듭니다.

다음의 시간표를 살펴봅시다.

	월	화	~	금
1	현대 예술의 이해			
2	현대 예술의 이해	공학적 글쓰기		공학 의사소통
3				공학 의사소통
4		공업 수학		
5				
6	기초 물리	기초 물리		전산 개론
7				전산 개론
8	기초 화학	기초 화학		

공강시간이 수업사이에 한 두 시간씩 지뢰밭처럼 깔려있습니다. 이제 여러분이 할 것은 시간표상의 공강시간에 여러분이 할 일을 글로 채워 넣기입니다.

다음 표를 보면 너무 빡빡한가요? 고등학교 시절까지 여러분은 점심시간 이외에는 빈칸이 없는 시간표로 생활을 해왔습니다. 좀 빡빡해도 괜찮습니다. 예시의 표는 크게 보면 인간관계, 수업관련 공부, 자기계발 등으로 나뉩니다. 이렇게 표의 빈칸에 여러분이 할 활동을 글로 써 두면 스스로를 격려하는 효과가 더 커집니다. 머릿속으로 막연하게 생각하는 것과 이렇게 글로 적어두는 것은 실행력에서 아주 큰 차이가 있습니다.

	월	화		금
1	현대 예술의 이해			
2	현대 예술의 이해	공학적 글쓰기		공학 의사소통
3	영단어 암기	고등학교 수학 복습		공학 의사소통
4	식사	공업 수학	~	
5	학교시설 돌아보기	식사 & 기초물리 예제풀이		식사 & 사람만나보기
6	기초 물리	기초 물리		전산 개론
7	기초화학 예제풀이	동아리방		전산 개론
8	기초 화학	기초 화학		

공강시간을 위한 활동 목록

여러분이 공강시간에 할 수 있는 활동들을 온라인게임의 퀘스트와 같이 열거해보죠. 모든 퀘스트를 다 클리어하라는 것은 아니고, 각자 취향에 맞게 골라보세요.

- **여러 사람 만나기:** 학과생활과 전공공부 모두 잘 하는 선배와 만나서 이야기 해보는 것입니다. 식사를 같이해도 좋고, 차를 마셔도 좋습니다. 여기서 한발 더 나아가면 학과 대학원에 있는 선배들을 만날 수도 있습니다. 학과 행사나 선배의 소개를 통해서 알고 지낼

수 있습니다. 여기서 더 나아가면 학과 교수님들과 돌아가면서 만나보는 겁니다. 상담할 이야기 거리를 한두 개 준비해서 미리 시간 약속을 하고 찾아가면 됩니다. 대학에서 만나는 교수들을 너무 어렵게만 생각하는 학생들이 많습니다. 여러분이 고민이 있고, 상담하고 싶다고 할 때 이를 거절하는 교수님은 거의 없습니다. 용기를 내서 먼저 다가가세요. 동아리 활동을 하는 것도 여러 사람을 만나보는 좋은 방법입니다.

- **틈틈이 어학공부:** 어학공부는 시간이 많이 걸립니다. 지루한 면도 있고요. 따라서 방학 때 또는 휴학하고 몰아서 한 번에 하기는 쉽지 않습니다. 조금씩 주기적으로 해보면 좋습니다. 가장 간단한 방법이 시간을 정해놓고 조금씩 단어나 문장을 외워보는 것입니다.
- **밀리지 않고 예제풀기:** 많은 교과목에서 한 챕터가 끝나면 챕터 뒤 연습문제를 푸는 형태로 리포트를 내줍니다. 한 번에 풀려면 이론을 까먹기도 했고, 양도 많아서 힘듭니다. 그때그때 해두면 복습 효과도 있고, 나중에 리포트를 몰아서 하지 않으니 편합니다.
- **교내 시설 탐방:** 학교 내에는 여러분이 잘 모르는 여러 시설들이 매우 많습니다. 도서관, OO박물관, 심리상담소, 진로상담소, 무료 검진센터, 멀티미디어관람실 등 학교마다 이름과 구성은 다르지만, 매우 다양한 시설들이 있습니다. 이러한 시설들을 1학년 때 한 번 둘러보면 좋습니다. 비싼 등록금을 알차게 활용할 수 있고, 고학년이 되어서 필요한 일이 있을 때 유용하게 됩니다. 학교 홈페이지를 참고해서 이러한 시설들의 이름, 위치, 사용방법을 숙지한 후에 계획을 세워 돌아보기 바랍니다.
- **기본지식 보충:** 인문사회계열은 내가 잘 모르지만, 공학계열 학생들은 상당수가 고등학교 과정에서 배운 수학, 물리 등의 기본 지식

이 약해서 대학 과정 공부를 힘겨워하는 경우가 있습니다. 학교 내부적으로 고등학교 교과과정에 대한 보충 프로그램이 있는 경우도 있지만, 그렇지 않은 경우에는 이 부분을 여러분 스스로 채워야 합니다. 대충 버텨봐야지, 나중에 어떻게 되겠지, 그런 것 없습니다. 지금 빈틈이 보인다면, 그 빈틈은 여러분 스스로 채우기 전에는 졸업 때까지 절대 스스로 메워지지 않습니다. 고등학교 수학을 다시 보는 게 부끄러운 일이 아닙니다.

말문이 터진 Y양

Y양은 사람들 앞에 나서기를 매우 꺼려했습니다. 수업 시간에 앞에 나가서 하는 발표는 Y양에게 상상도 하기 싫은 일이었습니다. 공강시간을 이용해 친구와 함께 교내의 여러 시설을 둘러보던 Y양은 어느 날 심리상담소를 찾았습니다. 사람들 앞에 나서기 어려워하는 본인의 문제를 상담했습니다.

'말을 잘 못하고, 말도 느려서, 사람들이 내 말을 답답하게 느낀다.'가 Y양이 생각하는 스스로에 대한 판단이었습니다. 상담을 하던 선생님은 Y양이 스스로 생각하는 것처럼 말이 느리지도 않고, 말도 잘 하는 편이라고 했습니다. 다만 자신감이 너무 부족해서 사람과 눈을 못 마주치고, 말의 내용은 좋으나 목소리가 자꾸 작아지고 떨리는 점은 아쉽다고 했습니다. 수업에서 한 번 용기를 내어 발표를 해보고, 발표 모습을 친구에게 부탁해서 휴대폰으로 녹화하여, 자신의 발표 모습을 살펴보라고 조언했습니다.

Y양은 이를 그대로 실천했습니다. Y양 스스로 살펴본 본인의 발표모습은 상담실 선생님의 판단과 비슷했답니다. 생각보다 말이 느리지 않고, 두서없이 말을 하지도 않았다고 합니다. 다만 얼굴이 자꾸 빨개지고, 목소리가 불안정했답니다. Y양은 발표 기회가 있을 때 마다 자발적으로

나섰습니다. 그리고 그 때마다 본인의 모습을 녹화해서 살펴봤습니다. 몇 학기가 지난 후에 Y양은 팀별 발표과제가 주어졌을 때마다 친구들이 추천하는 발표자가 되었습니다.

4. 학점 이의신청은 어떻게 하면 좋을까요?

성적에 대한 이의제기는 왜 발생할까요?

성적에 대한 이의제기는 매학기 반복되는 현상입니다. 필자가 근무하는 대학에서도 이에 대해 고민하는 학생들이 정말 많더군요.

가장 큰 원인은 학기 초부터 교수와 학생 간에 성적평가 방법을 세밀하게 공유하고 공감대를 형성하는 과정이 부족했기 때문입니다. 또한 학기 중과 학기 말에 성적 산출을 위한 세부항목별 점수를 공개해야 하는데 그렇지 않아서입니다. 학생 입장에서 방학이 시작된 후에 최종 학점만 받게 될 경우 내 학점이 왜 그렇게 나왔는지 의구심을 갖는 것은 당연합니다. 수업 계획서에 성적평가 방법이 명확하지 않으면, 학기 초부터 이를 문의해야 합니다. 학기 말에는 성적 산출에 대한 세부항목별 점수에 대한 공개를 요구해야 합니다. 학생 입장에서 쉽지 않음을 잘 압니다. 그러나 여러분이 침묵하고 있으면 아무것도 바뀌지 않습니다.

성적에 대한 이의제기는 결코 버릇없는, 무례한 행동이 아닙니다. 이의제기는 여러분의 정당한 권리입니다. 다만 권리를 행사하는 방법을 신중하게 택해야 합니다.

방문, 이메일, 전화 중 어떤 방법을 택해야 할까요?

이 부분은 교수마다 생각이 다를 수 있는데, 내 생각은 이메일을 통해 여러분이 궁금한 점을 전하고, 방문이 가능한 시간을 문의하여 교수연구실로 찾아가서 대화하는 방법이 좋습니다. 단, 글쓰기에 자신이 별로 없는 학생이거나 담당 교수가 매우 완고한 경우라면 헛걸음을 하더라도 몇 번 찾아가서 처음부터 대면 상담을 하는 방법이 좋습니다.

어떤 논리나 내용으로 이의제기를 해야 할까요?

'나는 열심히 했습니다. 그러나 성적이 이상하게 나쁩니다. 성적 올려주세요.'라는 식은 좋지 않습니다. 이는 마치 '교수님의 평가 방식, 평가 결과를 인정할 수 없습니다.'라는 식의 메시지로 들릴 수 있으며, 이 경우 교수는 이의제기 과정을 이해와 조정의 과정이 아닌 불쾌한 싸움으로 인식합니다. 그리고 여러분의 학점은 조정되지 않습니다.

'나는 이러이러한 이유와 목적으로 이 과목을 수강했습니다. 수업과정에서 이러이러한 점들을 노력 했습니다. 그러나 이러이러한 부분은 부족했다고 스스로도 느낍니다. 제가 본 과목에 대한 실력을 더 쌓기 위해서 어떤 점들을 개선했어야 할까요? 그리고 이와 관련해서 성적 평가 시 제가 부족했던 부분은 무엇인가요?'라는 논리로 접근해야 합니다. 앞의 경우와 뭐가 다를까요? 여러분이 수업을 위해 노력한 점, 그리고 부족했다고 인정하는 점을 바탕으로 성적에 대한 이의를 제기하는 것입니다.

위의 논리대로 의견을 전했는데 교수가 화만 내면 어떻게 해야 할까요? 공대 학생들을 놓고 생각해보면 가장 큰 원인은 학생들의 글쓰기 실력, 표현력입니다. 이런저런 목적으로 학생들이 보내온 이메일들을 읽다 보면 때로는 마음을 움찔하게 만드는 문장들이 있습니다. 이럴 경우 앞뒤문장을 두어 번 다시 읽어보면서 이 학생이 이 문장을 어떠한 좋은 의도로 썼는데, 표현이 이렇게 되었을까를 생각해봅니다. 학교에 있는 교수님들은 여러분 보다 적게는 열 살 많게는 여러분의 부모님보다 연장자입니다. 웃어른에게 글을 보낼 때 문장을 신중하게 고르고, 여러 번 고쳐 쓰는 것은 당연한 과정입니다. 좋은 문장으로 정중하게 문의를 했으나 화를 내는 경우도 있습니다. 이의제기가 정당한 여러분의 권리임은 확실합니다. 그러나 그것을 인정하지 않는 교수도 존재하는 게 현실입니다. 이 경우 어떤 방법이 가능할까요? 방법 없습니다. 그 과목에 대해서는 포기해야 합니다. 좀 격하게 표현하자면 그러한 닫힌 사고를 갖고 있는 교수의 강의 내용이 온전할지 나는 의문입니다.

실질적 조언을 몇 가지 덧붙이겠습니다. 교수님에게 이메일을 보내면서 'ㅋㅋ, ㅠㅠ, ㅎㅎ'를 남발하지 마세요. '안습, 열공, 빡세게' 이런 표현도 쓰지 마세요. 이메일 닉네임이 낯 뜨겁지 않은지도 생각해보세요. '섹시보이, 미친OOO'라는 닉네임으로 이메일 보내지 마세요. 한 가지 이유를 다시 생각하면 됩니다. 이메일을 받아볼 분은 여러분의 부모님보다 나이가 많을 수 있습니다.

절대로 수용할 수 없는 이의제기는 어떤 경우일까요?

몇 가지 표준적인 경우들이 있습니다.

- 4학년인데 평점이 너무 낮습니다. 이 과목만 평점이 높아지면 될 듯한데, 바꿔주세요.
- 장학금을 받아야 합니다. 이 과목 학점만 올리면 장학금 받을 수 있으니 성적 올려주세요.
- 조기 취업했습니다. 이 과목 F받으면 취업에 문제 생기니, 출석, 시험과 무관하게 무조건 학점 주세요.

위 세 경우 모두 해당 교과목과 무관한 지극히 개인적인 이유입니다. 이러한 이유를 받아주는 교수도 있을 수 있으나, 내 경우는 수용하지 않습니다. 학점 구걸은 교수, 학생, 학교 모두를 불쌍하게 만들 뿐입니다. 대학의 가치, 우리가 대학에서 보내는 시간의 의미를 스스로 갉아먹는 행동입니다.

학점 산출을 위한 세부 항목별 점수의 오류나 개선할 부분을 찾는 것이 성적에 대한 이의제기 과정입니다. 세부 항목별 점수에서 교수가 잘못 평가한 부분이 있다면 수정해야 하고, 평가는 온전하나 학생의 추가적인 노력으로 개선할만한 항목이 있다면 교수와 협의를 통해 그 항목을 개선하기 위한 노력을 하면 됩니다. 일예로 이렇습니다. 케이스 스터디를 두 편 제출해야 하고, 두 편을 다 수행했습니다. 그런데 점수가 낮습니다. 그러면 한 편의 케이스 스터디를 더 하고 그에 대해서 가점을 받으면 됩니다.

이의제기를 통해서 학점이 정정된 사례는 어떤 것들인가요?

- 엑셀 작업 중 실수로 한 학생의 점수를 한 등급 낮게 입력한 경우가 한번 있습니다. 학생에게 미안한 마음을 전하고, 바로 수정해줬습니다.
- 출석, 시험은 양호한데 과제물 점수가 낮았습니다. 연관된 다른 과제물을 정정기간 끝나기 전에 만들어오게 하고 가점을 줬습니다.
- 시험과 과제물은 양호한데 출석 점수가 낮았습니다. 결석 사유를 파악해보니 두 번 정도는 공결로 인정이 되는 케이스였습니다. 학생이 관련 자료를 제출하고 공결 처리해줬습니다.
- 출석은 양호한데 시험과 과제가 모두 부족했습니다. 학점에 변동이 생기려면 학생이 이론 학습 부분에서 꽤 많은 개선이 필요한 상황이었습니다. 수업 시간에 활발히 참여하고, 집중력이 좋았던 학생이어서 가르친 입장에서도 아쉬운 경우였습니다. 해당 교과목의 관련 서적 한권을 요약하고 논평하도록 했습니다. 학생은 일주일간 그 책만 붙들고 있었던 듯합니다.

나를 당황스럽게 만든 학생들

- 울보 J양

  연구실로 찾아와서 30분여를 울기만 했던 학생이 기억납니다. B+의 학점을 A+로 올려주기 원했습니다. 출석, 시험, 과제물 평가 결과 모두 정정할 부분이 없다고 인정한 후에도 울기만 했습니다. 티

슈통 건네어 주고 실컷 울게 한 후에 주스 한잔 주며 달래고 혼내서 돌려보냈습니다. 1학년 학생이었는데, 졸업반 쯤 되어서 돌이켜보면 꽤 민망한 기억이지 않을까 합니다.

- 천하무적 J군

따기 어렵다는 OOO국가자격증을 취득하고, 회계법인에 입사가 확정된 학생이 있었습니다. 원래 F를 주려던 학생이었습니다. 수업성취도도 문제였으나, 나를 포함해서 수업구성원들을 대하는 인간적인 자세에서 생각해볼 점이 많은 학생이었습니다. 씁쓸한 기억입니다. 씁쓸한 이유는 그 학생과 꽤 많은 대화를 나눴지만 학생에게 별다른 변화가 느껴지지 않았기 때문입니다. 자격증 하나를 대학 4년의 시간과 배움보다 더 중요하게 여기는 학생과 그런 상황이 많이 슬펐습니다.

- 위급상황의 P군

밤 11시가 다 되어서, 어떻게 내 전화번호를 알았는지 다급한 목소리로 휴대전화로 연락한 학생입니다. 무슨 위급상황이 생겼나하고 매우 당황했습니다. 알고 보니 학점 정정 요청이었습니다. 아마도 밤중에 학점을 확인하고 바로 전화를 한 듯합니다. 통화 후에 예절, 친근함, 실용주의 등의 단어들이 한 동안 내 머릿속에서 뒤엉켜 맴돌게 했던 학생이었습니다.

- 황당한 K양

내 교과목을 수강한 공과대학 내의 다른 학과 학생이었습니다. 4학년 2학기에 내 과목을 교양으로 수강했던 K양에게 이메일이 왔습니다. 내 과목에서 F를 맞아서 취업에 문제가 생겼다는 내용입니다. 취업이 확정된 상태인데, 내 과목 때문에 졸업이 안 되서 취업된 게 취소될 수 있다고요. 안타까운 마음이 들어서, 취업 증명서를 스캔해서 이메일로 보내라고 했습니다. 그런데 한 동안 연락이 없었습니다. 얼마 후 먼저 연락을 해서 이래저래 알아봤습니다. K양은 피아노학원에 강사로 취업한 상태였습니다. 그런데 알고 보니 K양 부모님이 운영하는 학원이었습니다. 더 설명 안 해도, 뭔가 이상한 상황이죠? 당혹스러운 마음에 K양을 혼내지도 못했습니다. 이 상황에 대해 내게 설명할 수 있는 논리가 있으면, 찾아와서 얘기하라고, 수긍이 되면 재시험을 통해서라도 학점을 주겠다고 했습니다. K양은 그 후로 아무런 연락이 없었습니다.

5. 동아리는 꼭 가입해야 하나요?

동아리는 뭐하는 곳이죠?

동아리는 다양한 학년의 학생들이 모여서 공동의 취미, 관심사 등에 대해 활동하는 모임입니다. 동아리는 취미, 전공공부, 어학, 자격증, 사회봉사, 레져 등의 영역으로 활동범위가 나뉩니다. 학교에서 일정부분의 공간이나 활동비를 지원해주는 경우도 있으나, 원칙적으로는 학생들이 자체적으로 조직하고 관리하는 모임입니다. 일부 동아리의 경우는 관련 학과 교수님이 지도 교수, 자문 교수 형태로 배정된 경우(예를 들어 영어회

화 동아리에 영문학과 교수가 자문 교수로 배정되는 경우)도 있으나, 대부분의 동아리는 교수들과는 무관하게 운영되는 경우가 흔합니다. 예를 들어 여러분이 산업공학과 학생인데, 클래식음악에 관심이 많다면, 클래식음악 동아리에 가입해서 여러분 취미생활에 도움을 받고 관심을 공유하는 사람들과 어울리면 됩니다.

동아리의 가입 개수를 제한하는 경우는 거의 없습니다. 그러나 현실적으로 학과공부나 다른 활동 등을 고려할 때 한 학생이 세 네 개 이상의 동아리에 가입해서 활발하게 활동하기는 어렵습니다. 일반적으로는 가입한다면 한 두 개 정도입니다.

어떤 동아리들이 있나요?

동아리는 크게 학과동아리, 학내동아리, 연합동아리 등으로 분류됩니다. 학과동아리는 여러분이 속한 학과내부에만 있는 동아리입니다. 즉, 동아리 구성원 모두가 한 학과 소속입니다. 주로 운동, 자격증, 어학 공부 정도를 하는 경우가 많습니다. 학내동아리는 여러분이 속한 학교에서 학과와 무관하게 가입이 가능한 동아리입니다. 다양한 학과의 학생들이 모여서 활동을 같이 합니다. 학과동아리에 비해 좀 더 다양하고, 동아리 규모가 큰 경우가 많습니다. 동아리의 역사도 더 길고요. 연합동아리는 여러 대학이 연합된 형태입니다. 즉, 여러분의 소속 학교, 학과와 무관하게, 여러분이 대학생이면 가입이 가능한 동아리입니다. 봉사, 스터디, 여행 등 연합동아리의 성격은 매우 다양합니다.

학과동아리에 대해서는 주로 학과 홈페이지, 학과 조교선생님, 학과 선배들에게 문의하면 됩니다. 학내동아리에 대해서는 학교 홈페이지에 링크된 동아리 홈페이지를 참고하거나 동아리 방을 직접 찾아가서 문의

하면 됩니다. 연합동아리는 학교 외부에 위치하는 경우가 많으므로, 우선 홈페이지로 정보를 확인하고, 전화문의 후 필요한 내용이 있으면 찾아가보기 바랍니다.

동아리 가입은 어떻게 하나요?

한번 상담해보고 바로 가입하지 말기 바랍니다. 예전에 비해 학생들의 동아리 활동이 좀 위축되는 추세입니다. 동아리 숫자는 여전히 많고요. 그러다 보니 대부분의 동아리에서 경쟁적으로 회원을 확보하려고 합니다. 반면에 1학년인 여러분들은 대학생활이나 동아리에 대한 정보가 매우 부족하고요. 그래서 한 번 상담하고 가입했다가 나중에 후회하는 경우가 많습니다. 가입 후 활동을 안 한다고 해서 여러분에게 금전적, 행정적 피해가 있지는 않습니다만, 학교 생활하면서 이래저래 마주치게 되는 사람들 입니다. 따라서 가입여부는 좀 더 신중하게 판단하기 바랍니다.

서두에서 언급했듯이, 동아리는 취미, 전공공부, 어학, 자격증, 사회봉사, 레져 등의 영역으로 활동범위가 나뉩니다. 여러분이 원하는 활동 범위와 목적을 먼저 정한 후 그에 적합한 동아리들을 여러 개 후보에 올리면 됩니다. 그런 후에 여러 동아리를 둘러보고 마지막으로 한 두 곳을 선택해서 가입하기 바랍니다.

동아리의 장점은 무엇인가요?

여러분은 현재 소속된 학과가 마음에 들어서 그 학과에 들어왔나요? 그렇다면 다행이지만, 많은 수의 학생은 본인의 의사와는 무관한 주변 사람의 권유나 입시 성적에 맞추어 학과를 선택하기도 합니다. 동아리는 그렇지 않지요. 여러분이 단순한 취미생활을 목적으로 하건, 아니면 사회생활에 도움이 될 자격증이나 어학을 공부하건, 여러분의 선택에 따라 가입할 수 있습니다. 인기가 폭발하는 일부 동아리는 오디션이나 면접을 보기도 한다지만, 그런 경우는 논외고요. 따라서 여러분의 선택으로 여러분이 원하는 활동을 한다는 점이 장점입니다. 그 과정에서 관심을 공유하는 다른 학과, 다른 학년의 많은 사람들을 만나게 되는 것도 좋은 점입니다.

동아리의 문제점은 무엇인가요?

동아리는 앞서 설명한데로 본인의 선택으로, 본인이 원하는 활동을 하는 공간입니다. 그러나 장점만이 있지는 않습니다. 다음과 같은 것들을 가입점에 고려하기 바랍니다.

첫째, 시간 안배를 생각해야 합니다. 동아리에 따라서는 일주일에 일정 시간 이상을 동아리에서 활동하도록 규정하거나 정기적으로 모임을 갖는 경우가 있습니다. 그 외에도 이런저런 활동으로 시간을 투자해야 하는데, 가입 전에 활동 수준을 파악해서 어느 정도 시간을 투자해야 하는지 여러분에게 적절한 시간 배분인지 생각해보기 바랍니다.

둘째, 우선순위를 생각해야 합니다. 대학에서 가장 중요한 것은 전공이나 교양과목의 학습입니다. 간혹 동아리 활동에 극단적으로 몰두하는 학생들이 있습니다. 본인이 동아리에 어느 정도 우선순위를 두고 활동할지 생각해야 합니다. 동아리가 대학 생활의 전부가 되어서는 안 됩니다. 동아리는 개인적 관심사, 취미 등을 채워주기 위한 보완적 요소입니다.

셋째, 새로운 인간관계가 형성됩니다. 다른 학과의 다양한 사람들과 어울리게 되고 이러한 과정에서 긍정적인 관계를 형성한다면 참으로 좋지요. 그러나 이 과정에서 좀 불편한 인간관계, 선후배 관계가 생길 수도 있습니다. 미리 이러한 부분을 걱정하라는 의도는 아닙니다만, 어느 조직에서건 그러한 문제는 늘 있다는 점을 알아두면 좋겠습니다.

6. MT는 꼭 따라가야 하나요?

대학 MT(Membership Training) vs. 중고등학교 수련회

대학의 MT는 중고등학교로 보자면, 1박 2일로 다녀오던 수련회, 졸업여행과 유사합니다. 대학 MT의 다른 점은 이렇습니다. 첫째, 1~4학년 선후배가 함께 가는 경우가 많습니다. 둘째, 공식적으로 술이 허용됩니다. 그것도 과하게요. 너무 당연하거나 또는 시시한 이야기인가요? 셋째, 중고등학교의 선생님처럼 교수가 MT에 따라다니면서 세세한 지도나 감독을 하지는 않습니다. 교수가 MT에 동행하는 경우가 있으나, 주로 저녁을 함께 먹고 잠시 대화를 나누는 정도입니다.

그럼, OT(Orientation)는 뭔가요?

신입생들이 처음으로 가는 MT를 OT라고 보면 됩니다. 신입생들을 대상으로 대학생활 소개, 학과 소개, 선후배 인사 등의 목적으로 OT를 갑니다. 보통 1학년 1학기 시작 전후 시점에 OT가 개최됩니다. 그런데 막상 참가해보면 대학생활 소개, 학과 소개에 그리 많은 시간이 할애되지는 않습니다.

OT에 대한 신입생들의 참석률을 높이려고, 학과에서 좀 무리수를 두는 경우도 있습니다. '모든 교수님들이 다 가신다, 여기서 수강신청을 진행한다, 이거 빠지면 학교생활 자체가 어렵다.'등의 레퍼토리가 동원됩니다. 물론, 참석해서 사람도 사귀고 정보도 듣고 하면 좋지만, 사정이 있어 빠진다고 해서 학과생활 못하지는 않아요.

MT에서 이런 거 합니다.

MT에서 전공공부를 하거나, 대학교 학업에 대한 지도를 하는 경우는 거의 없다고 보면 됩니다. MT의 목적은 친목도모, 서로 친해지기 입니다. 1학년 동급생들 끼리 친해지고, 선배들과도 친해지는 자리가 됩니다. 그래서 보통 MT 빠지면 사람들과 어색해지고, 학과생활, 수업듣기가 불편하다고 합니다. 그러나 못 견딜 정도의 문제가 되거나 하지는 않습니다. MT를 빠진다고 해서 학과에서 왕따를 당하거나, 공식적인 불이익을 당하지는 않습니다. 일부의 경우 학생들의 MT참여율을 높이기 위해 학과행사 참여도라는 식의 가점을 부여하고, 이 가점이 있으면 장학금에서 우선권을 주기도 하지만, 일반적인 경우는 아니니, 본인 소속 학과에 이 부분은 확인해야 합니다.

MT가면 이런 게 걱정되죠?

선배들이 술을 과하게 권하거나, 강압적인 분위기에서 군기를 잡는 것을 걱정해서 MT를 빠지는 1학년 학생들도 많습니다. 학과별로 이러한 분위기의 강도가 많이 다르지만, 대부분의 학과에서 어느 정도 술을 권하거나, 선후배 위계질서를 따지는 것이 현실입니다. 선후배가 함께 MT를 가고, 공식적으로 술이 허용되고, 중고등학교 때처럼 지도교사가 있지 않기 때문입니다. 이런 부분에 대한 대처 방법은 '선후배 관계, 이게 꼭 필요한가요?', '술을 잘 못 마셔서 사람들과 어울리기 힘들어요.'를 참고하기 바랍니다.

그래서 MT 갈까요? 말까요?

MT를 너무 두렵게 생각할 필요는 없습니다. MT를 가게 되면 여러 사람과 빠르게 친해지는 장점이 있습니다. 대학에 왔음을 실감하게 되고, 소소하게 얻는 정보도 많습니다. 다만 앞서 언급한 술 권하기, 선후배 관계 등으로 인해 조금 불편한 문제가 생길 수 있습니다. 결코 좋은 것은 아니지만 국내 대학 문화의 현실이니, 어른이 되어가는 과정의 일부라 생각하고 현명하게 대처하기 바랍니다.

MT를 가지 않는다고 해서 아주 큰 문제가 생기지는 않습니다. 사람들과 친해지는 과정이 조금 더딘 정도입니다. 혹시 낯을 가리고, 소심한 성격이어서 MT를 안 가려고 하나요? 그런 사람이라면 오히려 MT를 가는 편이 더 좋습니다. MT를 가면 신입생들은 모두가 서로서로 처음 보는 사람들이잖아요. 선배들이 중심이 되어서 그런 어색한 분위기가 많이 해소됩니다. 낯을 가린다는 이유만으로 MT를 안 간다면, 앞으로 4년의 대학생활은 어떻게 하려고요?

7. 술을 잘 못 마셔서 사람들과 어울리기 힘들어요.

한국 대학의 술문화

MT가서, 학기가 시작 되어서, 시험이 끝나서, 생일이어서, 심심해서, 이런저런 이유로 대학생들은 술을 참 많이 마십니다. 한국음주문화연구센터의 발표에 따르면, 우리나라 대학생들의 음주율이 94.4%라고 합니다. 100명의 학생 중 5~6명 빼고는 다 술을 마시고 있네요. 이는 전체 성인들의 음주율에 비해서도 꽤 높은 수치입니다. 대학생들의 음주횟수도 대단합니다. 한 달에 술을 3~5번 마시는 학생이 28.1%, 6~9번이 15.2%,

10~19회도 10.3%나 됩니다. 10명 중 한 명의 학생은 하루걸러 한번 술을 마신다는 겁니다.

한국은 아직까지 술을 서로 권하는 형태의 음주 문화가 적잖습니다. 그런 문화가 옳다는 의미는 아닙니다. 바뀌어 가고 있다고는 하지만 아직은 그러한 문화가 유감스럽게도 많이 퍼져있습니다. 이런 현상은 사회에서도 비슷합니다. 국내 대기업들이 직원들을 대상으로 술잔 안 돌리기, 벌주 없애기, 폭탄주 금지 등의 다양한 음주 캠페인을 펼치는 게 현실입니다.

술을 왜 마시고, 왜 권할까요?

친해지기 위해서 술을 마신다고들 합니다. 적당한 선의 음주는 분명 효과가 있습니다. 서먹한 감정을 누그러트리고, 좀 더 자신감 있게 자신을 표현하고, 상대에게 다가갈 수 있게 해줍니다. 그러나 술자리에서 '적당한 선'이 지켜지기란 참 어려워 보입니다. 특히 학생들끼리 모인 술자리에서는 더욱 그렇습니다. 술은 주로 선배들이 후배에게 권하지요. 또는 동기들 간에도 모임을 하게 되면 권하는 경우가 많습니다. 그러다보니 개인의 주량을 초과해서 술을 마시는 경우들이 흔합니다. 앞서 언급한 '적당한 선'의 상태로 빨리 다가가려고 서로 술을 권하는데 어느 순간 선을 넘어서는 게 문제이지요.

저는 술을 잘 마시는 데, 아무 문제없겠죠?

이런 학생들은 두 가지만 명심하면 좋겠습니다.

첫째, 흔히 필름이 끊어진다고 표현하는, 술 마시고 정신을 놓는 상황까지 가서는 안 됩니다. 단기적으로는 술을 마시고 큰 실수를 해서 인간관계에 치명적인 문제를 만들 수 있습니다. 장기적으로는 알콜의존성이 높아져서 심한 경우 중독 증세가 생길 수 있습니다. '알콜 중독은 남의 일일 뿐이지. 설마 내가 그럴 리가?'라고 생각하나요? 나는 고등학교 졸업 후 20여년을 살면서 이런 문제에 빠진 사람을 10명 넘게 봐왔습니다. 생각보다 흔한 문제이며, 그게 여러분의 문제가 될 수도 있습니다.

둘째, 다음 날 일정에 문제가 생기는 정도로 술을 마시면 안 됩니다. 술 마시고 다음날 수업에 지각하거나 빠지는 습관이 들면 결국 이는 사회생활에도 이어지고, 그런 사람이 살아남는 조직은 거의 없다고 보면 됩니다. 술을 잘 마시는 사람이 사회생활에 편리한 점이 많기는 하지만, 술을 과하게 마시는 사람이 사회에서 대성하고 화목한 가정을 유지하는 경우는 매우 드뭅니다. 요컨대, 술을 좋아하고 잘 마시는 사람은 스스로의 주량을 적정선에서 조절하는 습관을 들이면 됩니다.

저는 술을 잘 못 마시는 데, 어떻게 하면 될까요?

신체적으로 알콜분해능력이 부족한 경우, 또는 종교적 신념 등으로 술을 거부하는 경우가 해당됩니다. 어떻게 하면 좋을까요? 솔직하게 얘기하기 바랍니다. 본인이 신체적으로 알콜분해력이 부족함을 안다는 것은 이미 술을 몇 번은 마셔봤다는 의미입니다. 본인이 마실 수 있는 주량을 알 겁니다. 그만큼을 선으로 긋고 주변사람에게 얘기하면 됩니다. 무서운 선배가 권해서, 지도교수가 권해서, 어쩔 수 없이 마셔야 될까요? '저는 소주 두 잔이 치사량입니다. 세잔 째 마시면 정신을 못 가눕니다. 다음에는 꼭 선배님 잔 먼저 받겠습니다.'라고 솔직하게 얘기하세요.

술 못 마시는 건 부끄러운 게 아닙니다. 주량을 넘는 술을 억지로 받아 마시고, 다른 문제를 만드는 것 보다 이편이 더 현명합니다. 종교적 신념으로 금주를 하는 경우도 마찬가지 입니다. 애매하고 모호한 표정으로 슬금슬금 피하는 방법보다는 솔직하고 정중하게 얘기하세요.

술을 그런 식으로 피해도 뒤탈 없나요?

술이 싫거나 못 마셔도 술자리는 너무 피하지 말고 나가서 어울리기 바랍니다. 술을 거절하는 여러분을 대하는 상대방은 크게 세 그룹으로 나뉩니다.

첫 번째 그룹은 앞서 언급한 솔직한 거절만으로 여러분을 이해하는 사람들 입니다.

두 번째 그룹은 여러분을 어느 정도 이해하면서도 같이 어울리지 못하거나, 본인의 호의를 거절한 것에 대해 섭섭해 하는 사람들입니다. 이런 사람들과는 다른 수단으로 친밀함을 만들기 위한 노력을 좀 더 기울이면 됩니다. 함께하는 스터디, 운동, 밥먹기, 차마시기, 여행, 과제 등, 사람이 친해질 수 있는 방법은 무궁무진합니다.

세 번째 그룹인 궤변론자가 문제입니다. 몸이 아픈 사람에게도 '술 먹고 자면 난다. 술 먹고 탈나면 좋은 약 많으니 사 먹어라.'등의 궤변으로 술을 권하는 사람들도 세상에는 적잖습니다. 그래서 앞서 언급한 솔직한 거절이 과연 현실적인가 하는 의문이 들 겁니다. 본인의 몸을 망가트리거나, 신념을 꺾으면서 까지 술을 마시면서 그런 사람들과 친해질 것인지, 아닐지는 여러분이 선택할 몫입니다. 다만 그렇게 인생의 모든 문제에 대한 답을 술에서 찾으려는 궤변론자들에게 나는 많은 기대를 하지 않습니다. 대화의 윤활유로 술을 대하지 않고, 술이 없으면 대화를 못하는 사람이 있다면, 그 사람과는 거리를 둬야 합니다.

술독에 빠진 학생들

알콜중독 증세로 학업이 어려워진 학생, 만취 상태로 낙상사고를 당해 6개월 간 병원에 입원한 학생, 술집간판을 파손해서 자칫 범법자가 될 뻔한 학생, 건물에서 추락해서 끝내 목숨을 잃은 학생 등, 대학에 있으면서 이런 학생들을 직간적접으로 알게 되었습니다. 술 마시고 발생하는 일들이 술에서 깨어남과 동시에 모두 사라지는 게 아닙니다. 술에 취해서 당신이 하는 말, 당신이 하는 행동, 이 모든 게 당신의 말과 행동으로 기록되며, 그 모든 책임은 술이 아닌 당신에게 온전히 있습니다.

8. 선후배 관계, 이게 꼭 필요한가요?

선후배 관계, 누가 좋아할까요?

상명하달, 군대식 복종, 지나친 예절과 규율, 극단적으로 보면 이런 키워드들이 후배들 입장에서 갖고 있는 선후배 문화에 대한 반감입니다. 그러나 선후배 문화를 거부했을 때 생길 수 있는 불이익에 대한 걱정도 클 겁니다. 좀 우습기도 하고, 한편으로는 씁쓸하기도 한데, 후배가 자라서 선배가 되고, 선배도 과거에는 후배였을 텐데, 이러한 악순환이 반복됩니다.

선배들을 어떻게 대하죠?

학과생활에 대한 조언, 취업준비, 각종 정보 제공, 이런 것들을 주로 선배에게 기대할 겁니다. 그런데 이런 것들을 얻기 위해 그들에게 복종한다는 식의 논리로 산다면 이는 주인과 노비의 관계일 뿐입니다. 선배와 후배의 관계는 주인과 노비의 관계가 아닌, 배려와 예의의 관계여야 합니다.

여러 부류의 선배가 있겠으나, 어떤 선배가 악질 스포일드어덜트(Spoiled Adult: 타인을 배려하는 마음이 전혀 없고, 인성에 문제가 많은 사람을 의미함)가 아니라면 기본적으로 연장자에 대한 예절을 보이기 바랍니다. 마주치면 먼저 인사하고, 선배가 내 이름을 몰라줘도 내가 먼저 기억해주고자 노력하고, 선배보다 한 가지 일을 더하려고 하고, 조금 더 참는 것입니다. 선배에 대한 상식적인 예의를 다하고, 후배입장에서 선배의 배려를 받는 것, 이게 정상적인 선후배 관계입니다.

그런데 우리 학과 선배 몇 명은 도가 지나쳐요.

위와 같이 이상적인 선후배 관계라면 여러분이 지금 이 파트를 읽지도 않을 겁니다. 여러분이 이 파트를 주의 깊게 읽는 다는 것은 바로 강압적인 선배 때문에 고민이 있기 때문이겠지요.

앞서 언급한 악질 스포일드어덜트형 선배가 있어서 여러분에게 부당한 요구를 하고 무례한 태도를 보이며, 그런 상황을 주변의 동료들도 공감한다면, 적극적으로 대처해야 합니다. 상대의 요구를 정당하게 거절하고, 여러분이 느낀 불쾌감을 표현해야 합니다. 그래도 상대방에게 아무런 변화가 없다면, 최대한 피하세요. 불행하게도 이런 부류는 사회 어느 곳에서도 완전히 퇴치가 안 됩니다. 그렇다고 이들이 범법 행위를 하지 않는 이상 제도적으로 응징하기도 어렵습니다. 따라서 조직 내에서 약자인 여러분 입장에서는 피하는 것도 좋은 방법입니다. 정당하게 의견을 제시해도 안 통하고, 피하는 것만으로 해결이 안 날 때는 학과 지도교수, 학내 상담기관 등을 적극적으로 활용해서 대처하기 바랍니다.

악질 스포일드어덜트의 행동을 참아주는 사람은 결코 착한 사람이 아닙니다. 그런 사람은 자기 자신을 사랑하지 않는 사람입니다. 자신을 사랑하기 위해서는 기본적으로 자신을 존중해야 합니다. 자기 자신을 고통스러운 상황에 방치하지 말고 적극적으로 대처하기 바랍니다.

그냥, 선배들 전부 싹 무시하면 안 될까요?

그런다고 해서 여러분의 학교생활에서 공식적이거나 대단한 불이익은 없습니다. 그러나 그런 방법은 권하고 싶지 않습니다. 어느 조직에서건 선후배 관계는 존재하고, 선후배 모습이 겉으로 많이 드러나는 첫 단계가 대학입니다. 그런 관계를 익혀나가고, 스스로의 철학, 대응방법을 만들기 위해서, 대학에서의 선후배 관계를 피하지 않았으면 좋겠습니다. 요컨대, 4년간 대학생활에서의 이익을 위해 선후배 관계를 유지한다고 바라보지 말고, 같은 학문을 공부한 인생의 선후배를 만드는 단계, 그리고 사회에서 만들어질 다른 선후배 관계에 대한 배움의 단계로 생각하기 바랍니다.

내가 선배가 되면 어떻게

악의 고리를 끊기 위해서는 힘 있는 사람이 나서야 합니다. 힘없는 사람

열 명이 할 일을 힘 있는 사람 한 명이 할 수 있습니다. 여러분이 선배가 되는 것은 후배보다 힘이 있는 위치, 힘과 함께 책임이 있는 위치에 선다는 것입니다. 그 힘을 바르게 발휘하기 바랍니다. 그 힘을 가지고 과거에 본인이 받았던 부당함을 다른 이(후배)들에게 되갚는 것은 세상에서 가장 비겁한 일입니다. 여러분이 부당했다고 여겼고, 후배이기에 고칠 수 없었던 부분이 있다면 선배가 되었을 때 조금이라도 고쳐보기 바랍니다. 세상은 그런 선배들에 의해서 점점 더 좋은 방향으로 흘러왔습니다. 이백년전의 세상보다 백년전의 세상이 더 좋았고, 백년전의 세상보다 현재가 더 좋은 것은 그렇게 좋은 뜻을 가진 선배들이 그렇지 않은 이들보다 많았기 때문입니다. 여러분들은 세상을 좋게 만드는 선배가 되었으면 합니다.

J군과 L군의 악연

J군과 L군은 같은 학번 동기였습니다. 그런데 공교롭게도 L군은 J군의 고등학교 2년 선배였습니다. 둘은 고등학교 시절에는 서로 모르던 사이였는데, 대학 입학 후 학과모임을 하고, 동문회에 참석하며 이런 관계를 알았습니다. J군은 학과 내에서 학업성적이 좋았습니다. 2학년 들어 전공과목이 시작된 후로 두각을 나타내었습니다. L군도 학업성적이 좋은 편이었으나, 잔머리를 써가며 좀 편하게 학점을 받으려고 궁리를 하는 학생으로 기억됩니다. 문제는 L군이 J군에게 전공 리포트 작성에 대해 도움을 청하면서 생겼습니다. 고등학교 선배인 L군의 부탁을 거절 못한 J군은 처음 몇 번은 자신이 정리한 자료를 빌려주는 선에서 리포트를 도와줬는데, 어느 순간 L군의 리포트를 거의 자신이 써주는 상황이 되어 버렸습니다. 고등학교 선배이고, 학과 내에서 계속 마주쳐야 하는 L군의 부탁을 J

군은 쉽게 잘라내지 못했습니다.

J군은 L군을 이리저리 피하다가, 내게 상담을 청했습니다. 내가 내린 처방은 명확하게 본인의 의사를 밝히라는 것이었습니다. J군은 L군에게, 이런 상황은 L군에게도 좋지 않고, J군에게도 스트레스가 된다는 점을 명확히 밝혔습니다. 다만 공부, 이론부분에서 막히는 부분이 있으면 물어봐도 좋다고 했습니다. 결과는 어떻게 되었을까요? L군이 J군에게 대놓고 화를 내거나, 뒷말을 하고 다니지는 않았나 봅니다. 그러나 결국 둘은 동문회에서나 학과 내에서나 서로 불편해하는 관계가 되었습니다. J군은 L군과의 악연이 정리되어 속 시원해하면서도 한편으로는 그런 불편하고 애매한 관계를 마음에 걸려했습니다.

모든 사람이 내 친구가 될 수는 없습니다. 특히 그 사람들 중에 악인이 있다면, 굳이 악인과 적이 될 필요는 없으나, 친구가 되려고 할 필요도 없습니다. 악인에게도 배울 점이 있다고 합니다. 그 사람의 악한 면이 혹시 나 자신에게도 보이는지, 스스로를 비춰보는 거울로 삼을 수 있습니다. 그러나 그런 사람과 가까이 지내다가 자칫 그 사람의 때가 내게 묻을 수 있습니다.

9. 토익공부 많이 하던 데, 저도 같이 하면 될까요?

어학, 영어공부는 왜 할까요?

어학이 영어만 있는 건 아니죠? 일어, 중국어, 불어, 다양하죠. 그러나 이 글에서는 영어에 대해서만 애기하려고 합니다. 우리 사회의 가장 보편적인 요구사항이 영어니까요. W3Techs의 조사 자료에 따르면 인터넷 콘텐츠의 54.9%가 영어로 되어 있습니다. 0.3%가 한국어입니다. 수치적으로만 보면 한국어 인터넷 사이트에 비해 영어로 된 인터넷 사이트가 180배는 많습니다. 영어공부, 꼭 해야겠지요? 영어를 공부하는 데는 자격요건,

실무적 능력, 이 두 가지의 필요성이 있습니다.

첫째, 자격요건 측면을 생각해보죠. 여러분이 학부를 졸업하고 일반적으로 선택하는 진로 중 다수의 두 부류는 취업, 대학원 진학입니다. 이 모든 경우에서 영어성적을 요구합니다. 현재 국내에서 보편적인 영어시험은 토익(990점 만점), 토플, 텝스입니다. 토익은 주로 비즈니스 의사소통용이어서 취업 시 요구됩니다. 토플은 대학, 대학원 공부용으로 주로 인식되어서 대학원 입시, 특히 유학을 가기위해 필요합니다. 국내의 경우는 대학원 입시에서도 토플보다는 토익을 좀 더 많이 사용합니다. 학교, 학과 마다 요구하는 점수 기준이 조금은 다르지만 보통 취업의 경우보다는 요구 수준이 낮은 편입니다. 자세한 요구수준은 여러분이 알고 있는 몇몇 대학의 대학원 홈페이지를 찾아보면 바로 확인이 가능합니다. 여기서 알려주면 좋겠으나 대학마다 편차가 큽니다. 토익을 기준으로 보면 500~800점 사이로 보면 됩니다.

취업을 위해서는 대학원 진학의 경우보다 보다 높은 점수가 필요합니다. 몇 점 정도면 되는지 궁금한가요? 보통 대기업의 경우는 입사자 평균이 토익 800~900점 사이입니다. 중소기업의 경우 편차가 매우 큰 편인데, 500~800점 사이로 보면 됩니다.

주로 토익점수를 애기했습니다. 그렇다고 내가 토익점수와 실제 영어능력이 정비례한다고 생각하는 것은 아닙니다. 토익이 900점인 학생이 외국인과 거의 대화를 못하는 경우를 봤고, 반면에 600점인 학생이 의사소통을 잘하는 것도 봤습니다. 토익점수 이전에 말할 내용을 구성하는 논리적 사고능력이 더 중요합니다. 다시 말해서, 한국어로 자기 의사표시를 잘 못하는 학생이 토익점수만 높다고 해서 영어로 말을 잘하지는 못합니다. 또한 우리에게 영어는 모국어가 아닙니다. 따라서 말을 하거나, 작문을 할 때 표현이 좀 서툴러도 대부분의 외국인들은 그 부분을 자연스럽게 받아들입니다. 그럼에도 불구하고 내가 토익점수를 강조한 것은 진학, 취업에서 수치화된 점수가 적잖은 영향을 주기 때문입니다.

둘째, 실무능력에 대해 생각해봅시다. 여러분은 당장 이렇게 생각할 수 있습니다. 학과공부는 전공서적 극히 일부를 빼고는 거의 한글판 서적에 한국어로 진행되고, 졸업 후에는 국내 기업에 취업할 건데 굳이 영어가 필요할까? 정답은'필요한 경우가 생각보다 많다.'입니다. 대학원을 진학하게 된다면, 영어로 작성된 해외논문을 스스로 읽어야 하고, 대부분의 전공에서 학술대회나 논문작성에서 영어를 쓰고 있습니다. 따라서 영어를 읽고, 쓰고, 말하는 능력이 대학원을 진학하게 되면 필요합니다. 이러한 상황은 기업에 취업을 해도 비슷합니다. 기업에서 내국인들만 100% 상대하고, 한글자료만 보며 일하는 경우가 아니라, 외국인을 상대하거나 영어로 된 자료를 참고하고, 영어로 문서를 주고받는 경우도 많기 때문입니다. 하다못해 자료를 검색해도 구글을 통해 외국자료를 찾아봐야 합니다.

어느 정도를 목표로, 얼마나 공부해야 할까요?

졸업 후의 진로를 여러분이 현재 시점에서 정확히 잡고 있다면, 앞서 얘기한 대기업, 중소기업, 대학원을 놓고서 그 목표치를 가늠해 볼 수 있습니다. 그러나 아직은 뚜렷한 진로가 안 보일 것이며, 졸업 때까지 계속 생각이 바뀔 것입니다. 목표를 조금은 넉넉한 수준으로 높게 잡기 바랍니다.

얼마나 공부해야 하는가에 대해 답을 얻기 위해서는 먼저 여러분의 현재 수준을 파악해야 합니다. 학교나 시중 학원에서 제공해주는 모의시험 또는 정규시험 응시를 통해 현재 여러분의 수준을 점수로 파악해보세요. 모의시험이나 정규시험 응시를 앞둔 여러분의 마음은 자신의 건강을 확신할 수 없는 사람이 종합건강검진을 앞둔 마음과 비슷할 겁니다. 그래도 검사를 통해 확인해야 합니다. 나중에, 다음 기회에, 그런 것 안 통합니다. 가급적 빨리 알아보고 신청해서 스스로의 현재 수준을 확인하세요. 자신의 현 수준을 스스로 파악하는 게 공부의 첫걸음입니다. 예를 들어 모의 토익을 봤더니 여러분의 점수가 500점이었다. 그리고 여러분이 OO금융사에서 일하고 싶은데, 그 회사의 입사자 평균 점수가 900점이었다면, 여러분은 앞으로 400점의 차이를 졸업이전에 메워야 합니다.

언제부터 시작하면 될까요?

현재 여러분의 수준을 점검했더니 차이가 100점 이내라면, 여러분이 굳이 당장 영어에 매달릴 필요는 없습니다. 물론, 이 경우에도 실무적 능력과 관련된 읽기, 쓰기, 말하기 등을 꾸준히 더 익히면 좋겠지요. 정확한 통계자료의 근거는 아니지만, 여러 학생들의 경우를 살펴본 경험에 의해서 말하자면, 토익 점수 목표치가 900점이고, 현재 수준이 500점 이하라면 1학년 때 부터 차근차근 준비를 해야 합니다. 3학년 때부터 준비해서 그 차이를 메운 경우도 봤습니다. 다만 그런 경우, 해당 학생이 중간에 1년 정도 휴학을 했거나, 학기 중에도 대부분의 시간을 영어공부에 할애한 케이스입니다.

차이가 매우 크고, 어학에 대해 너무 소질이 없다는 핑계로 다른 방법을 찾고 싶나요? 다른 방법은 별로 없습니다. 그렇다고 어학이 안 되면 사회에서 살아남는 게 불가능한 것은 아닙니다만 다른 부분에서 더 많은 희생과 노력이 필요하게 됩니다. 차라리 다른 방법으로 돌아가지 말고 정공법으로 극복하기 바랍니다.

P양의 급소는 영어

P양은 대학 4년 동안 성적장학금을 놓친 적이 거의 없습니다. 졸업 학점이 4.0이 넘었습니다. 대외활동 경험도 많고, 전공관련 자격증 2개를 취득했고, 풍부한 상식과 함께 언변도 뛰어났습니다. 친구들이 보기에 P양은 대기업 입사에 손색이 없었습니다. P양은 대기업 IT회사에 입사를 희망했으나, 문제는 영어실력이었습니다. P양의 토익점수는 600점이 채 안 됐고, 영어 면접에서는 외운 내용조차 제대로 말하지 못하는 수준이었습니다. P양은 결국 중견 IT기업에 취업했습니다. P양 스스로도 조금 아쉽게 여겼으나, 그래도 좋은 회사였습니다.

취업 관문을 넘어서고, 영어의 공포에서 해방되리라 기대했던 P양의 생각은 얼마 지나지 않아 산산조각 났습니다. 외국계 회사와 공동 프로젝트가 시작되는 순간 P양은 벙어리가 되어버렸습니다. 54.9%(영어로 된 인터넷 사이트)가 아닌 0.3%(한국어로 된 인터넷 사이트)에서만 자료를 찾고, 일을 하기도 어렵다는 점을 알게 되었습니다. 그리고 당장 닥친 일은 아니지만, 대리, 과장 승진을 위해서는 토익이 최소 700점, 750점은 넘어야 된다고 합니다. 이번에도 P양이 급소를 피해 다른 선택을 할지, 아니면 정공법으로 이겨낼지 지켜보고 있습니다.

10. 학교 다니면서 반수, 재수 준비해도 될까요?

반수, 재수를 생각하는 이유

냉정하게 말하면 매우 단순한 이유입니다. 지금 소속된 학과가 마음에 안 들거나, 학교가 싫거나 둘 중의 하나일겁니다. 둘 다인 경우도 있고요. 내 경험을 보면 학생들이 A학교 B학과에서 C학교의 B학과로 가는 경우는 좀 드물었습니다. C학교의 D학과로 가는 경우가 많았습니다. 즉, 반수나 재수를 결심한 학생들의 결과를 보면 학교와 학과를 모두 바꾸는 경우가 많더군요.

주변인, 배신자, 또는 두려움

반수, 재수 문제를 동기, 선배 또는 학과 교수님과 상의하기 불편하지 않나요? 그렇게 생각한다면 두 가지 이유가 있을 겁니다. 첫째, 학과라는 조직을 배신하는 배반자가 되기 싫다는 것입니다. 둘째, 반수, 재수에 실패할 경우 그 사실이 학과에 소문이 퍼지면 부끄럽다고 여기기 때문입니다. 자기 스스로 반수, 재수 문제를 생각하기 꺼려한다면 거기에는 한 가지 이유가 있습니다. 실패할 것에 대한 두려움입니다. 반수, 재수를 통해 대학이나 학과를 옮기는 게 궁극적으로 더 좋은 선택인지는 그 누구도 알 수 없습니다. 다만 옮기기로 결정하고 반수나 재수를 택했는데 그 결과가 낙방이라면 여러분은 적잖은 상처를 받을 테고, 그 동안 투자한 노력이 많이 아까울 겁니다. 그 상황이 두려워 생각하기를 꺼리게 됩니다. 하나씩 짚어보지요.

첫째, 반수, 재수는 학과를 배신하는 행위가 아닙니다. 학과, 학교는 무슨 조폭단체나 결사항쟁단체가 아닙니다. 사회에 존재하는 일반적 이익집단 중 하나입니다. 본인의 판단으로 본인의 현재와 미래에 더 좋은 선택이 된다면 다른 곳으로 떠나는 게 당연합니다. 다만 본인이 반수, 재수를 준비한다고 해서 현재 본인이 소속된 학교, 학과의 다른 구성원들을 부정적으로 봐서는 안 됩니다. 본인이 옮기고자 하는 학교, 학과가 현재의 학교, 학과보다 모든 이에게 절대적으로 옳은 대안은 아닙니다. 그렇게 생각한다면 이는 매우 잘못된 자아도취적 착각입니다. 그러기에 여러분이 반수, 재수를 진행한다고 해도, 그 과정을 학과 구성원들에게 필요이상으로 설파하고 다니지 않는 편이 좋습니다. 일부러 숨길 필요도 없으나, 굳이 필요이상으로 떠벌릴 것도 아닙니다.

둘째, 학교 사람들이 여러분이 반수, 재수에 실패한 것을 알았을 때를 생각해봅시다. 실패한 결과를 보고 비웃는 사람도 있을 테고, 위로해주는 사람도 있을 것이고, 그냥 모른 척 해주는 사람들도 있을 겁니다. 그냥 덤덤하게 받아들이면 됩니다. 반수, 재수가 아닌 여러분이 살면서 앞으로 하게 될 수많은 선택, 도전에서 여러분은 수많은 실패를 경험하게 될 것이고, 그 때마다 이러한 상황은 반복될 겁니다. 살면서 성공률 99%의 일만 하고 살 건 아니지요? 재미도 없고, 별로 발전도 없는 인생일 텐데, 아마 지루해서 못 살 겁니다. 반수, 재수에서 떨어지면, 여러분은 다시 학과 구성원의 원래 자리로 돌아오게 됩니다. 원래 그 자리에서 다시 열심히 생활하면 됩니다. 그러면 머지않아 주변사람들이 여러분을 바라보는 시선은 정상적으로 돌아옵니다. 반대로 여러분이 원하던 바를 달성해서 학과를 떠나게 되면, 대부분의 현 학과 구성원들은 좋은 마음으로 축복해줍니다. 옮기려는 학교, 학과가 절대적으로 좋아서라기보다는 여러분이 원했던 결과를 얻은 것에 대해 한 때 함께 생활한 동료의 입장에서 축하해주는 겁니다. 아쉬움이 담겨진 축하입니다.

셋째, 실패한 후에 찾아올 자괴감과 허비된 노력에 대한 후회를 생각해 봅시다. 위인전은 거짓말이 아니지만 편집된 내용입니다. TV예능 프로그램과 비슷합니다. 위인전 속 인물이 평생 성공만하고 살았던 것처럼 이야기 되어도, 실제 그 인물이 겪었을 수많은 실패는 편집과정에서 누락되었다고 보면 됩니다. 실패 후에 찾아오는 자괴감을 극복하는 훈련도 필요합니다. 이 훈련은 절대로 남이 대신해주거나, 간접 체험할 수 없습니다. 여러분 스스로 부딪혀보고, 실패하고, 상처를 치유하고, 성장하는 과정을 반복해야 합니다. 혹시 반수, 재수에서 실패하더라도 살면서 겪게 되는 이러한 과정 중 한번이라고 생각하면 됩니다. 노력에 대한 후회요? 그 노력한 결과는 결국 다른 형태로 여러분의 대학생활, 사회생활에 도움이 됩니다. 그 시간이 공중으로 연기처럼 사라지는 게 아닙니다. 뭔가 이상한가요? 이 부분은 그냥 나를 믿어주기 바랍니다. 살면서 무의미하게 없어지는 공부는 없습니다.

한다면 어떻게 하면 되나요?

학교를 다니면서 하는 방법, 학교를 휴학하고 하는 방법이 있습니다. 다니면서 병행하는 경우에는 시간적 제약이 따르겠지요. 1학년이 다른 학년에 비해 수업부담이 상대적으로 적기는 합니다. 그래도 일주일에 20시간 정도의 수업을 들으면서 반수, 재수를 준비하는 게 그리 만만한 일은 아닙니다. 이러한 방법을 택할 때의 이점은 혹시 실패하더라도 중간에 휴학을 하지 않고 넘어갔다는 점입니다. 단점은 몰입해서 준비할 수 있는 시간이 적다는 것과 그 만큼 학과공부가 소홀해질 수 있습니다. 학교를 휴학하는 경우는 이와 반대입니다. 실패할 경우 한 두 학기를 휴학했다는 결과가 남게 되지만, 반면에 준비 과정에서 몰입도가 높아집니다. 일장일단이 있으므로 스스로 판단하기 바랍니다.

대안은 무엇인가요?

현재 학교, 현재 학과에 남는 것이지요. 너무 당연한가요? 그 외에 일부 방법이 있습니다. 여러분이 현재 학교는 좋은데 전공에 뭔가 아쉬움이 남는다면 다른 글에서 설명할 복수전공, 전과를 생각할 수 있습니다. 학교를 옮기고 싶다면 편입학 제도가 있으니 이 부분을 알아보면 됩니다. 편입학에 대해서는 '다른 학교로 편입준비하면 어떨까요?'에서 다시 이야기하지요.

11. 군대는 언제가면 좋을까요? (여학우는 패스)

군대만 가면 정말 철드나요?

대부분 군대 가기 전과 뭔가 다른 사람이 되어서 나오기는 하더군요. 군대 가기 전보다 좀 진중하고, 그러면서 적극성은 더 있고, 책임감도 있어 보이고, 이렇습니다. 그런데 이게 꼭 군대에 다녀와서 그렇다고 보기는 애매합니다. 예를 들어 A군은 1학년을 마치고 21살 봄에 입대를 해서 23살 봄에 2학년으로 복학을 했습니다. B군은 A군과 입학동기인데 군대를 가지 않고 계속 학교를 다녀서 A군이 복학하던 시점에 4학년이 되었습니다. 내 경험상 A, B 두 사람의 철든 정도는 별 차이가 없었습니다. 군대보다는 세월이 사람을 철들도록 한 겁니다.

네로황제의 스승으로 유명한 세네카는 이런 말을 했었습니다. '삶을 배우는 데 일생이 걸린다.'군대에 2년여 다녀온다고 해서 사람이 완전히 철들지도 않습니다. 사람은 살아가면서 꾸준히 철드는 동물입니다.

가장 일반적인 솔루션

취업, 대학원 진학, 창업 등 아직 장래 진로가 오리무중이라면 1학년 마치고 입대할 것을 권장합니다. 앞서 얘기한 A, B 두 사람을 생각해보죠. A군은 군대를 미리 다녀와서 철이 든 상태로 2학년을 시작했고, B군은 4학년이 되어서야 철이 들었습니다. 가급적 고학년이 되기 전에 철이 드는 편이 좋으니, 주변에서 보통 1학년 마치고 군대 갔다 오라고 하는 겁니다.

'너 요즘 대학에서 뭐하고 지내니?'라는 부모님, 친척분들 질문에 어떻게 답하나요? 뭔가 알차고, 바쁘고, 자랑스러운 일정이 잘 안 떠오른다면 1학년 마치고 군대 다녀오세요. 그래도 뭔가 아쉽고, 시간을 좀 더 가지고 싶은가요? 입대의 마지노선은 2학년 마치는 시기입니다. 왜냐고요? 대부분의 학과에서는 3학년부터 전공과목의 폭풍이 시작됩니다. 듣는 과목수도 많고, 난이도도 높아집니다. 철이 안든 상태로 설렁설렁 이런 공부를 시작해도 문제이고, 이런 공부를 한 두 학기 하다가 군대에 가서 2년 후에 돌아오면 배운 내용이 연결이 잘 안 되서 문제이고, 그래서 2학년 마치고 다녀오는 게 마지노선입니다.

예외의 경우도 있습니다. 본인이 주변에서 대부분 인정할 정도로 대학생활을 잘하고 있고, 스스로도 대학생활에 대한 열정이 불타고 있다고 여기는 경우입니다. 그 불을 끊기가 너무 싫다면 3학년 마치고 다녀와도 됩니다. 그런데 이런 경우는 참 드뭅니다.

그 외의 대안

병역특례제도가 있습니다. 군복무를 대신해서 일정기간 기업에서 근무하는 것입니다. 월급도 줍니다. 일반직장인보다는 적지만 군인의 월급과는 비교가 안 되게 많이 줍니다. 정말 좋아보이나요? 어려운 점, 문제도 많습니다. 일단, 병역특례로 취업하기가 매우 어렵습니다. 회사에서 여러분을 병역특례로 뽑고 싶다고 해서 무조건 뽑을 수 있는 게 아닙니다. 병무청에서 허가받은 인원수만 채용이 가능합니다. 그러다보니 경쟁이 심합니다. 또한 병역특례로 하게 되는 일의 강도가 높은 편입니다. 근무 상황이 열악한 곳도 많고요. 물론, 극히 소수의 경우는 일반직원과 동등한 급여, 천국같은 근무 환경도 있으나, '극소수'입니다. 병역특례제도에 대해 관심이 있으면 병무청 홈페이지에서 찾아보기 바랍니다. 제도가 계속 바뀌고 있는데, 주로 병역특례를 축소하는 방향입니다. 병역특례를 대안으로 삼아도 좋은데, 문제는 병역특례를 하려고 했다가 안 될 경우입니다. 이 경우, 나이 들어서 사병으로 군입대를 해야 하는 상황이 됩니다. 따라서 병역특례를 할 계획이라면 미리미리 제도를 꼼꼼히 알아보고, 필요한 조건(자격증, 전공 등)을 챙기기 바랍니다.

학사장교(ROTC) 제도도 생각할 수 있습니다. 대학교 3, 4학년 시기에 학교를 다니면서 동시에 군사훈련을 받습니다. 그러면 졸업 후 28개월(현재 시점에서 그러함)을 장교로 복무하는 제도입니다. 1학년 때의 학점, 체력평가, 면접 등을 통해 선발되고 있습니다. 혹시 집안에 나이 많으신 어르신이 계시면 ROTC를 적극 권장하시는 경우가 있습니다. 이분들이 ROTC를 권장하는 결정적 이유는 취업이 잘된다는 논리입니다. 그러나 이는 1990년대 중반정도까지의 얘기이고, 현재는 딱히 그렇게 보기 어렵습니다. 예전에는 ROTC를 하면 대기업에서 거의 무조건 뽑아주던 시절이 있었는데, 현재는 그렇지 않아요. ROTC의 장점은 이렇습니다. 군대에서 장교로 근무하게 됩니다. 다른 학과 학생들과 선후배 관계가 형성되어서 인간관계의 폭이 넓어집니다. 취업 시 책임감, 리더십, 의지력 등을 좀 더 어필할 수 있습니다. 단점은 복무기간이 현재 기준으로 현역 육군사병보다 7개월이 더 길다는 점과 3, 4학년을 군사훈련과 병행하기 때문에 시간적인 여유가 부족하다는 점입니다. 모든 학교 학생이 ROTC지원이 가능한 것은 아닙니다. ROTC를 지원하기 위해서는 학교에 학군단이 있어야 합니다. 더 궁금하면 학교 내에 있는 학군단 사무실을 방문해서 상담해보세요.

2학년

신입생 애기들과 달라지려는 그대에게

2~4학년 대학생들이 1학년 신입생들을 아기라고 많이 칭합니다. 비웃거나 얕잡는 게 아니라 정말로 그들을 해맑은 애기처럼 생각하는 경우가 많습니다.

2학년 학생들은 불과 1년 전에 바로 그 애기들이었습니다. 그런데 현재는 스스로를 애기로 생각하지 않습니다. 그 보다는 자신이 애기여서는 안 된다는 생각을 하는 듯합니다.

3~4학년이 되면 졸업이라는 문제가 현실로 다가옵니다. 2학년은 신입생도 아니고, 졸업 문제를 현실로 인식하는 시기도 아닙니다. 좀 어정쩡한 중간자.

어정쩡한 중간자인 2학년들의 고민거리를 풀어보겠습니다.

12. 조별과제가 너무 힘들어요.

조별과제 잔혹사

조별과제에 참여하지 않고 점수만 받아가는 학생을 무임승차자(free rider)라고 부릅니다. 학생들이 치를 떨도록 증오하는 대상이죠. 자기주장만 펼치는 독불장군, 배경지식이 너무 부족해서 열심히 해도 도움이 안 되는 열등생, 하긴 하는 데 시간약속을 못 지키는 지각대장 등 생각만 해도 끔찍하죠?

조별과제를 마치고, '한 학기 간 과제하면서 정말 즐거웠다. 모두가 열심히 참여했고, 정말 팀워크가 좋았다.'라고 자평하는 경우가 흔하지는 않습니다.

교수님들은 조별과제를 왜 그리 좋아하나요?

내가 강의하는 교과목들도 대부분 조별과제를 합니다. 위와 같이 조별과제에서 발생하는 문제들이 많음을 알면서 왜 조별과제를 내주는지 궁금한가요? 이유는 한 가지 입니다. 사회에서 혼자 일하는 사람은 극히 일부를 제외하고는 없기 때문입니다. 수업시간에 배운 이론을 바탕으로, 사회에서 일하는 방식과 최대한 비슷하게 실습을 해보기 위해 조별과제를 수행하는 것입니다.

사회에서 여러분이 만나게 될 조원(회사의 동료, 상사, 후임자 등)들은 수업 과제의 조원과 비교해서 어떨까요? 이와 관련된 정확한 연구결과는 없으나, 내 경험상 사회에는 더 많은 무임승차자, 독불장군, 열등생, 지각대장들이 있었습니다. 그들 모두를 버리거나, 피하면서 일할 수는 없습니다. 어찌되었건 한 팀이잖아요? 그 훈련을 미리 하는 과정이 수업의 조별과제입니다.

문제 조원들을 어떻게 대해야 하나요?

나는 수업에서 조별과제를 실시하면서 교수입장에서 다음과 같은 다양한 시도를 해봤습니다.

- 조원간 상호평가

 과제가 끝난 후에 조원들이 서로의 기여도에 대해 비밀로 평가한 후 이를 합산하여 공개하고 평가에 반영하는 방식입니다. 모두 동일한 점수를 받지 않고, 기여도에 따라 조별과제 점수를 개인별로 다르게 받는다는 점에서 다수의 학생이 환영한 제도입니다. 그러나 시행 후 여러 문제가 관찰되었습니다. 첫째, 조원에 대한 평가에 과제와 무관한 사적인 감정, 친분 등이 개입됩니다. 둘째, 이로 인해 평가결과를 수용하지 못하는 조원들이 생깁니다. 셋째, 결과적으로 조원 간 갈등이 더 심화되기도 합니다.

- 조원별로 직무배정

  기업에서는 팀단위로 일을 할 때 각자 직무를 배정받아서 일하잖아요? 이것에서 착안한 방식입니다. 조원이 네 명이면, 자료조사, 발표자료 준비, 발표, 회의록 작성 등으로 업무를 조원별로 수업 시작 시 분배하는 방식입니다. 어느 부분에서 문제가 있었는지 정확하게 찾아낼 수 있고, 조원간의 갈등이 상대적으로 낮아집니다. 그러나 여기에도 두 가지 문제가 있습니다. 첫째, 자신이 맡은 임무만 하기 때문에 과제 전체를 이해하는 능력은 낮아집니다. 둘째, 개인별 직무의 중요도나 업무량이 다르다는 점에서 형평성 문제가 제기됩니다.

- 교수가 조 모임에 참여

  교수 앞에서 조 모임을 갖도록 합니다. 모든 모임을 그렇게 할 수는 없으나, 최소 몇 번은 그렇게 합니다. 개인의 기여도가 낮지 않음을 보이기 위해 조원들 모두가 적극적으로 행동하게 됩니다. 그러나 이런 식으로 교수가 모든 조 모임에 참석하기는 힘들어서 그 효과가 매우 일시적입니다.

내가 사용하는 조별과제 진행방식을 구구절절 설명했습니다. 여러분이 조별과제에서 느끼는 문제들에 대한 완벽한 해결책은 없다는 걸 눈치챘나요? 여러분 조의 문제가 100% 해결되리란 기대는 처음부터 접어두기 바랍니다. 다만 노력을 하면 지금보다 조금은 개선될 겁니다. 내가 제안하는 방식은 이렇습니다.

첫째, 위에서 내가 나열한 세 가지 방법을 참고해서, 여러분 수업을 담당하시는 교수님에게 이러한 방법을 부분적으로 건의할 수 있습니다. 당돌한 행동이 아닙니다. 여러분이 판단하기에 의미 있는 방법이라고 생각하면 건의해보세요.

둘째, 조 모임에 대한 회의록을 매번 모임마다 작성하세요. 그리고 조별과제 발표 시 회의록을 별도로 출력해서 교수님에게 제출하세요. 물론 이 방법을 사용하기 위해서는 조별과제 시작에 앞서 조원들에게 이 방법을 제안하고 동의를 구해야 합니다. 조원을 감시하고, 고자질하기 위한 수단이 아니라, 우리 조가 얼마나 열심히 하고, 체계적으로 과제를 수행했는지, 수행과정에 대해 교수님께 보여드리자는 제안을 하는 겁니다. 이 정도 양식이면 적당합니다.

셋째, 문제가 심각하다면 담당교수님께 상의하기 바랍니다. 고자질이 아닙니다. 문제의식을 공감하는 조원들과 함께 교수님을 찾아가 상의하세요. L군에게 문제가 있으니 벌주라는 접근이 아니라, L군과 함께 공부하기 위해 교수님께서 도와달라고 하면 됩니다.

당신은 어떤 조원인가요?

여러분 조에 무임승차자, 독불장군, 열등생, 지각대장이 있다면 정말 싫죠? 그렇다면 반대로 여러분 조의 다른 조원들은 당신을 어떻게 평가하고 있을까요? 흥미로우건 내 수업에서 조별과제와 관련된 갈등으로 상

<table>
<tr><th colspan="5">A조 회의록</th></tr>
<tr><td colspan="2">모임일시</td><td>5. 7. 13시</td><td>모임장소</td><td>학과PC실</td></tr>
<tr><td rowspan="2">참석자</td><td>정시참석</td><td colspan="3">김산공, 양경영, 박기계</td></tr>
<tr><td>지각</td><td colspan="3">조물리</td></tr>
<tr><td colspan="2">불참자</td><td colspan="3">이토목 (전화통화 계속 안 됨)</td></tr>
<tr><td colspan="2">지난 모임
역할 분배에 대한
수행 결과</td><td colspan="3">김산공: KAI모델 조사
양경영: Vitality curve조사
박기계: 지난 학기 선배들 과제자료 수집
조물리: 발표자료 목차 및 인트로 구상
이토목: 확인 불가(설문지 구성 역할)</td></tr>
<tr><td colspan="2">오늘 토의 내용</td><td colspan="3">Vitality curve자료가 부족해서 보완필요
설문지 구성이 필요함
참고문헌 정리 필요</td></tr>
<tr><td colspan="2">다음 모임까지
역할 분배</td><td colspan="3">김산공: Vitality curve 국내케이스 조사
양경영: Vitality curve 이론 조사 보완
박기계: 설문지 구성
조물리: 참고문헌 정리
이토목: 이번 주까지 조사한 자료 정리</td></tr>
<tr><td colspan="2">다음 모임일시</td><td>5.9. 15시</td><td>다음 모임장소</td><td>학과PC실</td></tr>
</table>

담한 학생들 중에서, 스스로를 문제 조원이라고 생각하는 경우는 드문 편이었습니다. 세 명의 학생이 지목한 한 명의 독불장군 스스로는 자신을 헌신적 리더라고 생각하고 있었습니다. 문제 조원 각각이 가진 입장과 변명을 들어봅시다.

- 무임승차자의 입장 & 변명

'다른 조원들이 이해가 안 된다. 이 수업에서 조별과제는 비중도 높

지 않은데 너무 설쳐댄다. 발표 때 대충 말로 때우면 되는데 자료 준비한다고 괜히 난리다.'

- 독불장군

  '다른 조원들의 의견은 모두 쓰레기다. 수업 포커스도 모르고 아는 것도 너무 없다. 내 의견대로 그냥 따라오면 되는데 다들 쓸모없는 의견만 제시한다. 내 리더십을 믿어야 하는데 답답하다.'

- 열등생

  '나 혼자만 열심히 하는 것 같다. 다들 내가 의견을 내면 멍한 표정이다. 자기들끼리만 친해서 내 의견을 무시하는 것 같다. 내 의견이 너무 창의적이어서 피하는 것도 같고. 이럴 바에야 교수님에게 얘기해서 나 혼자 과제 다시하고 싶다.'

- 지각대장

  '사람들이 융통성이 없다. 조금 늦는 게 뭐 그리 대수라고 그러는지. 자료 한 두 시간 늦게 보냈다고 과제가 안 되는 것도 아닌데 필요이상으로 예민하게 군다.'

여러분이 문제 조원이라고 생각하는 누군가는 스스로를 그렇게 생각하지 않을 확률이 더 높습니다. 뒤집어 생각해보면, 아무런 문제없는 모범 조원이라고 스스로 생각하는 당신을 조원들은 다른 시각으로 바라볼 수 있습니다. 다른 조원에 대한 평가이전에 스스로를 돌아보는 태도도 잊지 말기 바랍니다.

13. 집안 형편이 어려운데, 휴학하고 일을 할까요?

숨통을 조이는 등록금

등록금을 조달하는 방법은 뻔합니다. 첫째, 부모님께 의지하는 경우이죠. 둘째, 융자를 받는 방법입니다. 셋째, 본인이 스스로 버는 방법입니다. 집안에 여유가 부족해서 고민일 겁니다. '주변 친구들은 보통 별 문제없어 보이는데, 왜 우리 집만 그럴까?'라는 원망이 조심스럽게 드나요? 이글을 쓰는 시점에서 우리나라 가구당 평균 소득은 일 년을 기준으로 세금을 낸 후 4,000만원을 조금 넘는 수준입니다. 여러분이 사립대를 다닌다면, 등록금, 용돈, 책값 등으로 한 명의 대학생에게 일 년간 지출되는 비용은 1,500만원이 넘습니다. 자취를 해야 하는 경우라면 총 비용은 2,000만원이 넘습니다. 혹시 집안의 경제력으로 문제가 해결되지 않는다고 해서, 너무 혼자만의 문제라고 한탄하지 않기 바랍니다. 우리나라 평균 가정에서 자녀 한 명을 대학보내기가 그리 쉬운 일이 아닙니다.

융자받을까요?

현재 정부에서 지원해주는 학자금 대출 제도는 든든학자금대출, 일반상

환 학자금대출, 농촌출신 대학생 학자금 융자 서비스가 있습니다. 든든학자금대출은 취업 후 일정기준의 소득이 발생하면 그때부터 원금과 이자를 갚는 제도입니다. 일반상환 학자금대출은 돈을 갚기 시작하는 시기, 갚는 기간 등을 개인의 사정에 맞게 선택할 수 있는 제도입니다. 농촌출신 대학생 학자금 융자는 농어촌출신 학생들에게 등록금을 무이자로 빌려주고 졸업 후 2년 뒤부터 분할 상환하는 제도입니다. 제도가 계속 바뀌는 상황이어서 세부적으로 설명하는 게 큰 의미는 없어 보입니다. 이외에 여러분 부모님이 근무하시는 기관, 직장을 통해 융자를 받는 방법도 있으나, 이는 근무하시는 곳의 내부 정책에 따라 바뀝니다.

융자를 택하는 경우 언제, 어디서, 얼마를 받고 언제, 어떻게 갚을 것인가를 결정해야 하기에 결국 가족들과 꼼꼼히 의논해야 합니다. 미국의 경우 상당수의 학생들이 융자를 받아서 대학을 다닙니다. 졸업 후에 직장 생활을 하면서 스스로 그 빚을 갚아나가고요. 미국도 등록금이 저렴한 나라가 아니어서, 학생들이 졸업 후에 갖는 부담이 꽤 큰 편입니다. 이렇게 얘기한다고 해서 미국의 케이스가 좋다는 뜻은 아닙니다. 융자를 받게 되면 결국 몇 년 뒤에 그 돈을 갚아 나가야 하고, 그 역할을 여러분 스스로 해야 할 수 있는데, 그러한 상황을 너무 비관적으로만 보지는 않았으면 합니다. 여러분을 위한 공부를 여러분 스스로의 노력과 투자로 감당한다고 생각하면 좋겠습니다. 사회적으로 시스템이 잘 갖춰져서 대학교육에 대한 비용이 현재보다 현저하게 낮아지면 더 없이 좋겠으나, 단기간에 그런 상황이 오기는 현 구조상 매우 어렵다는 게 내 예측입니다. 이런 상황에서 여러분을 위한 공부를 여러분 스스로의 노력과 투자로 감당한다고 생각해달라는 부탁은 여러분 스스로를 위안하기 위한 것입니다. 나와 같은 기성세대와 여러분들이 앞으로 함께 노력해서, 우리 다음 세대의 학생들에게 경제적 압박감 없이 공부할 수 있는 환경을 만들어주면 좋겠습니다.

그럼, 휴학할까요?

첫째 방법(부모님의 경제력에 의지), 둘째 방법(융자)이 통하지 않을 때, 여러분은 휴학을 하고 스스로 그 비용을 마련할 수 있습니다. 또는 첫째, 둘째도 가능하지만, 첫째를 택하자니 부모님의 부담이 너무 커지고, 둘째를 택하자니 졸업 후의 내 부담이 커질 것 같아 우려하기도 합니다. 나는 셋째 대안이 가장 마지막 선택이라고 생각합니다.

부모님께 의지하는 경우에 부모님의 부담이 커져서, 내가 휴학을 해서라도 힘을 보태겠다는 생각은 정말 어른스럽고 장한 생각입니다. 그러나 가능하다면 여러분이 돈을 벌기위해 휴학하지 않고, 그 시간에 공부를 더 열심히 해서, 졸업 후에 부모님께 정신적, 경제적으로 힘을 보태드리는 편이 더 좋습니다. 여러분이 휴학을 하고 일을 한다고 해도 투자하는 시간대비 예상되는 소득이 그리 높지 않기 때문입니다. 부모님께서 어느 정도 힘이 드신 지, 내가 정말 힘을 보태지 않아도 되는 상황인지 잘 가늠이 안 될 수 있습니다. 이에 대해서는 내가 함부로 조언하기가 참 어렵네요. 스스로 생각해보고, 어른이 되어가는 자녀의 입장에서 부모님께 솔직하게 상의해보는 것도 좋습니다.

융자를 받으면 이자가 있건 없건 결국 나중에 갚는 시기에 힘이 들겠죠. 그래도 당장 휴학해서 돈 벌고, 다시 복학하고, 이런 과정보다는 덜 힘든 방법입니다. 가능하다면 휴학보다는 융자를 택하세요.

휴학을 택하고 학자금 마련에 뛰어들기로 결정한 학생에게, 나는 먼저 사회에 진출해서 현재의 사회시스템에 영향을 준 한명의 선배사회인으로서 미안하고 안쓰러운 마음이 큽니다. 여러분이 학자금 마련을 위해 동기들 보다 1년, 2년 정도 휴학을 더 하고 일 할 수도 있겠지요. 동기들 보다 뒤쳐져간다는 생각이 여러분을 괴롭힐 겁니다. 그러나 그렇게 생각하지 마세요. 여러분은 휴학기간 동안 돈과 함께 경험도 벌었습니다. 물론 그 시간동안 고생과 스트레스가 많았을 겁니다. 휴학을 하고 학자금을 마련하기로 결정했다면 이렇게 생각하고 믿어주기 바랍니다. 여러분이 학자금 마련을 위해 보낸 시간의 경험은 여러분의 앞날에 어떤 형태로건 긍정적인 영향을 줄 겁니다. 그리고 1년, 2년 정도의 시간은 사회 진출 후 세월이 5년, 10년, 더 흐를수록 큰 차이가 아님을 알 수 있습니다.

14. 아르바이트하느라 다른 거 할 시간이 별로 없어요.

아르바이트 왜 하나요?

모 대학에서 재학생들을 대상으로 조사한 자료를 보면 86%의 학생이 아르바이트 경험이 있었습니다. 아르바이트 포탈사이트에서 발표한 자료에 따르면 대학생 5명 중 3명은 지금도 아르바이트를 하고 있고요.

기본적인 용돈이나 생활비가 부족해 아르바이트를 한다면(대학내일 20대연구소의 조사에 따르면 이 비율이 69%라고 함), 그저 좀 더 힘내라는 격려를 해주고 싶습니다. 그 외에 다른 이유도 있겠지요. 머릿속으로 천만원을 스스로 버는 방법에 대해 궁리해보세요. 생각이 잘 되나요? 이제 머릿속으로 천만원을 쓰고 싶은 곳을 생각해보세요. 생각이 정말 잘 될 겁니다. 용돈, 여행자금, 부모님 선물, 갖고 싶은 물건 등, 벌기가 어려워서 그렇지 쓰고 싶은 곳은 정말 많지요.

보벤 & 길로비치의 연구에 따르면 소득이 증가할수록 인간은 물질적인 행복보다 경험에 대한 행복감이 커진다고 합니다. 소득이 적을 때는 새로운 옷, 가전제품을 구매해서 주로 행복을 느끼지만, 소득이 증가할수록 이런 구매행위가 사람을 그다지 행복하게 해주지 못한다는 겁니다. 반대로 새로운 곳으로 여행을 가고, 운동을 배우고, 음악회에 가고, 사람을 만나서 이야기하는 경험적 활동이 인간을 더욱 행복하게 합니다.

여러분이 혹시 밥값, 책값을 위해 아르바이트를 해야 하는 69%의 학생 중 한명이라면 나는 별로 말릴 생각은 없습니다. 그러나 여러분이 새로운 휴대전화, 명품가방, 고가의 의류를 위해 아르바이트를 하려 한다면 혼내주고 싶습니다. 미워서가 아니고 너무 답답해서요. 대학생활은 경험에 집중화된 시기여야 합니다. 공부, 인간관계, 다양한 활동으로 생활을 채워야 하는데, 나중에 직장인이 되고, 경제적 여유가 있을 때 할 수 있는 것들을 지금의 시간을 쪼개서 얻으려고 한다면 정말 바보입니다.

아르바이트의 목적이 학자금, 기본적인 생활유지를 위한 것이라면 찬성입니다. 여행을 가려고, 꼭 보고 싶은 공연을 위해서라면 찬성입니다. 그러나 사치품을 사기위해 하려 한다면 정말 말리고 싶습니다.

그래도 갖고 싶은 물건은 가져야죠!

'It's now or never(지금이 아니면 안 돼)'라는 엘비스 프레슬리 노래가 있습니다. 예전에 이 노래를 배경으로 고가의 수입차 CF가 나온 적이 있습니다. '그래 뭐 인생한번 사는 건데, 지금 확 지르자.'라는 식으로 생각할 수 있습니다만, 그건 여러분이 그 정도는 충분히 감당할 여력이 '이미'있을 때만 맞습니다.

여러분 상황에서 사치품에 해당되는 물건을 갖고 싶다면, 과시욕, 필요성에 대한 착각, 이 두 가지가 주요 원인일 겁니다. 남에게 무시당하고 싶은 사람은 없죠. 그러다 보니 사치품이 잘 팔립니다. 자신의 경제상황을 넘어선, 그래서 자신의 경제여건을 과대포장하기 위한 사치품이라면 과감히 위시리스트에서 삭제하세요. 갖고 싶은 물건이 생기고, 자꾸 생각하다보면 사람은 어느 순간 그 물건이 본인에게 꼭 필요한 물건이라고 합리화하고, 자기최면을 겁니다. 그 물건이 있다고 해서 내 삶의 기능, 질이 얼마나 좋아지는지, 그 물건이 없는 지금은 그러한 기능, 질에 정말 못 미치는지 냉정하게 판단하세요.

P군의 청바지는 50만원

상담을 했던 학생(P군) 중에 50만원이 넘는 수입청바지를 구매한 경우가 있었습니다. 2주 정도 공사장에서 일하고 구매했다고 하더군요. 구매해서 열심히 입고 다녀서 별 말은 안 했습니다. 그런데 몇 달 지나서 중고로 팔았다고 합니다. 생활비가 급해서 그랬다고요. P군은 어딘가 허탈해 보였습니다. 내 것이 아닌 것이 내게 잠시 머물다가 사라졌을 때의 허탈감, 나는 P군에게서 그런 느낌을 받았습니다. 여러분은 굳이 그런 불필요한 허탈감을 느끼지 않으면 좋겠습니다.

15. 전공 공부를 시작해보니, 적성과 안 맞는 것 같아요.

안 맞나요? 안 맞기를 바라나요?

혹시 여러분 학교에 대한 사회적 평판, 학과 선후배 문제, 담당교수와의 갈등, 그냥 어떤 공부도 하기가 싫어서, 뭐 이런 문제가 여러분을 속이고 있지는 않나요? 실제로는 다른 문제가 원인임에도 자기 스스로를 '내 적성이 현재 전공과 안 맞아.'라고 속이고 있지 않은지 먼저 돌이켜보세요. 일단 이런 상황이 아니라면 다음 단락으로 넘어갑시다.

여러분 전공은 뭐를 배우는, 나중에 뭐를 하는 학과인가요?

명절에 집안 어른을 만났다고 가정합시다. 50대 나이의 집안 어른이 여러분에게 묻습니다. '너희 과에서는 주로 뭐 배우냐? 졸업하면 뭐 하냐?' 여러분은 어떻게 대답하겠습니다. 답변이 술술 나올까요? 대답을 듣는 집안 어른께서 여러분의 말을 쉽게 이해하실까요? 전공에 따라 차이가 있으나, 우리가 공부하는 전공들은 대부분 딱 잘라서 뭐라고 설명하기 애매한 면들이 많습니다. 예를 들어 여러분이 경영학과 학생이면, 이렇게 얘기할 수 있겠지요. '기업 경영을 배웁니다.'그러면 기업은 무엇이고, 경영은 무엇인지 설명하는 건 쉬운 일인가요?

우리는 자신의 전공을 조립식장난감의 부품 하나처럼 이해하고, 설명하려는 경향이 있습니다. '내 전공은 이 장난감의 바퀴 부분이고, 여기 밑에 맞춰져서, 장난감을 앞뒤로 움직이는 역할을 해요.'라고 말하고 싶어 합니다. 그러나 대학에 있는 전공, 학과는 이렇게 물리적인 부품처럼 명확하게 정의되지 않습니다. 하늘에 있는 구름처럼 경계가 모호하고, 그 모양도 일정하지 않은 게 학문의 특성입니다.

학문, 학과, 전공, 이런 것들을 칼로 잘라내듯이 이해하고, 정의할 수는 없다는 전제하에 다음과 같은 노력을 통해 여러분의 전공을 이해하기 바랍니다.

- **재학생 선배에게 묻기:** 3, 4학년 선배들이 수강하는 전공 교과목에서 무엇을 배우고 어떻게 생각하는지 틈날 때마다 알아보려고 노력하세요.
- **졸업생 선배에게 묻기:** 나와 동일 전공의 졸업자들이 어느 분야에서 무슨 일을 하는지 알아야 합니다. 건너서 듣기보다는 가급적 직

접 만나서 이야기 들을 기회를 잡기 바랍니다.

- **교수에게 묻기:** 한 학과에서도 배우는 분야는 세부적으로 여러 개로 나뉘며, 교수진도 많게는 수십 명이 있습니다. 교수님들에게 우리 전공의 특성이 무엇이라 생각하는지 묻기 바랍니다. 한명이 아니라 가급적 학과 교수님 여럿의 생각을 들어보기 바랍니다.
- **사회활동현황 조사:** 여러 분야에서 나오는 채용공고문을 미리부터 살펴보세요. 아직 2학년이어서 취업과는 거리가 있지만 그래도 살펴보세요. 여러분 전공을 어느 분야, 어느 자리에서 원하는지 알고 있으면 도움이 됩니다. 인터넷 포털사이트의 인명정보검색기능에는 동일전공분야 인물들을 보여주는 메뉴가 있습니다. 여러분과 동일 전공의 분들이 사회에서 어떤 활동을 하는지 살펴보세요. 더 나아가 그 사람들이 집필하거나, 그 사람들에 대해 써진 책이 있다면 읽어보세요.

이상이 여러분이 전공을 이해하기 위해 할 수 있는 기본적 활동들입니다. 위 활동들의 대부분을 했는데도, 전공이 잘 이해가 안 된다면, 그 선에서 만족하세요. 여러분이 만족하지 못하지만 현재 이해하고 있는 그 선이 바로 여러분 구름의 경계이자 모양입니다. 이제, 전공과목 한두 개 듣고, 동기들과 술자리 대담 몇 번 나누고는 전공에 대해 잘 모르겠다고 투덜대지는 않을 거죠?

적성은 어떻게 알 수 있나요?

사전적인 정의는 아니지만 적성은 '내가 좋아하고, 잘하는 것'이라고 생각합니다. 그러면 여러분은 뭘 좋아하고, 잘하나요? 좀 더 쉽게 접근해서, 취미(생업은 아니지만 좋아하는 활동), 특기(생업은 아니지만 남보다 잘하는 활동)는 뭔가요? 남들이 일반적으로 얘기하는 취미, 특기를 기계적으로 떠올렸다면 여러분은 자신의 적성을 아직 전혀 모르고 있는 겁니다. 취미, 특기가 사회적으로 구체화되고 직업과 연결되는 관계에서 적성으로 나타는 겁니다.

적성을 알기 위해서는 크게 두 가지 방법을 권합니다. 첫째, 학교에 있는 심리상담, 진로상담, 적성상담, 이런 종류의 서비스를 받아보기 바랍니다. 찾아가서 이런 서비스를 받기 어려우면, 인터넷이나 책을 참고해서 스스로 그런 테스트를 해보기 바랍니다. 둘째, 자신을 오래 봐왔던 가족, 친구들의 도움을 받아보세요. 타인이 생각하기에 여러분이 잘하고, 좋아하는 게 어떤 것으로 인식되었는지 물어보는 겁니다. 말로 물어도 좋지만, 뭔가 어색하다고 느껴지면 학교 과제라고 둘러대고 설문 형태로 물어도 됩니다.

'잘하는 것'에 대한 이야기

잘하는 것은 앞서 얘기한 적성검사 또는 여러분이 살면서 받아온 성적표들을 통해 대략 알 수 있습니다. 적성을 판단하기 위한 여러 모델과 도구가 존재하는데, 여기서는 네드 헤르만 박사가 개발한 두뇌우성모델을 예로 들겠습니다. 다음 그림처럼 인간의 뇌를 좌상뇌, 좌하뇌, 우상뇌, 우하뇌로 나누어 각 영역의 발달 정도에 따라 서로 다른 특성이 있다는 이론입니다. 네 영역이 전부 발달되면 좋겠으나, 통계적으로는 그러기 어렵다고 합니다.

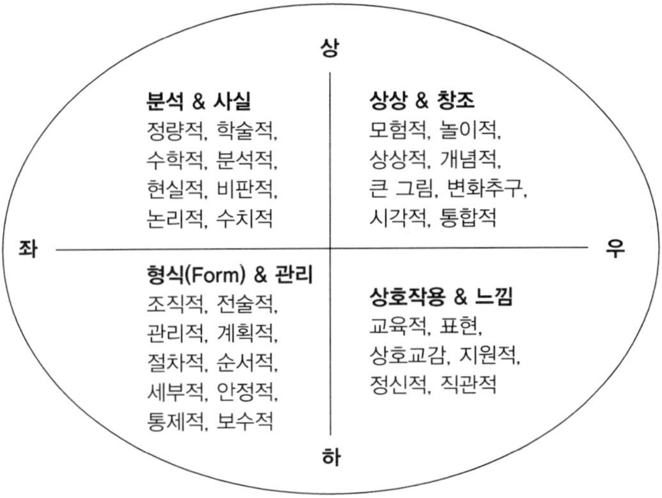

좌상뇌가 발달되면 사실에 입각한 수리적 분석력이 좋다는 의미입니다. 얼핏 생각해보면 공학도는 좌상뇌가 발달한 사람이 해야 할 것 같습니다. 그러나 꼭 그렇지 않습니다. 공학분야에서 일하는 사람을 6명이라고 보면, 그중 3명은 좌상뇌형이고 나머지 3명은 각각 좌하뇌형, 우상뇌형, 우하뇌형입니다. 즉 본인이 우상뇌형이라고 해서 공학과 안 맞는다는 판단은 잘못입니다. 좌상뇌가 발달한 사람들이 많은 영역이 공학이기는 하지만, 다른 뇌 영역이 발달한 사람도 공학에서는 필요하고, 오히려 더 큰 성공을 이루기도 합니다.

반대로 좌상뇌가 발달한 사람이 공학이 아닌 다른 영역에서 활동해도 좋습니다. 좌상뇌의 수리, 분석적 능력이 뛰어난 사람이 예술을 할 수도 있습니다. 다양한 IT기술을 접목한 첨단예술에서 두각을 보일 수 있습니다. 이 글을 쓰고 있는 나도 공학을 주로 공부했으나, 좌상뇌보다는 오히려 우상뇌, 우하뇌가 발달한 유형입니다.

요점은 이렇습니다. 예를 들어, 여러분이 좌상뇌형일 경우 여러분 유형이 공학분야에 많기는 합니다. 그렇다고 여러분이 다른 분야에서 활동하면 망하다는 의미는 아닙니다. 단지 상대적으로 적은 유형일 뿐입니다.

'좋아하는 것'에 대한 이야기

내가 설명한 네드 헤르만 모델은 '특기(잘하는 것)'에 대한 설명입니다. 특기 말고 '취미(좋아하는 것)'도 생각해봐야죠. 여러분은 게임을 왜 하나요? 재미있으니까 할 겁니다. 그런데 인간이 느끼는 재미도 크게 20개로 분류된다는 것 아나요? PLEX모델은 인간이 게임을 통해 느끼는 재미를 매혹, 도전, 경쟁, 완성, 통제, 발견, 에로티시즘, 탐험, 자기표현, 판타지, 동료의식, 양육, 휴식, 가학, 감각, 시뮬레이션, 전복, 고난, 공감, 전율로 분류합니다. 게임 한 개 하는데도 이렇게 다양한 재미가 있고, 사람마다 이에 대한 선호도가 다릅니다. 그러니 평생 살아갈 일, 직업에서 내가 '좋아하는 것'이 뭐냐는 질문은 참 복잡하고, 어렵습니다. 내가 뭘 좋아하는 지 스스로도 잘 모를 때가 많거든요.

여러분 중국음식점에서 판매하는 메뉴 중에서 꿔바로우 좋아하나요? 못 먹어봐서 잘 모르겠다고요? 우리 동네 중국음식점 메뉴판에 있습니다만, 나도 안 먹어봐서 '좋아한다. 안 한다.'는 모르겠네요. 먹어봐야, 경험해봐야 좋아하는지를 알 수 있습니다. 여러분이 '내가 좋아하는 것'이라고 느끼는 것들은 이제껏 여러분이 경험한 것들 중에서 스스로가 재미나 가치를 느낀 것들입니다. 세상에는 아직 여러분이 맛보지 못한 음식 중에 여러분이 정말 좋아할 음식들이 많을 겁니다. 여러분이 아직 경험해보지 못한 일, 분야에서 여러분을 미치도록 빠져들게 만드는 것이 있을 겁니다. 그걸 찾아야죠. 찾기 위해 직접, 간접적으로 많은 경험을 해야 합니다. 다양한 분야 수업 듣기, 특강 찾아다니기, 책 보기, 다큐멘터리 시청, 사람들 만나기, 여행, 다양한 아르바이트, 공모전, 봉사활동, 많은 경험을 통해 여러분은 여러분 입맛을 사로잡는 무언가를 알게 될 겁니다. 짜장면, 짬뽕, 볶음밥 중에서만 좋아하는 메뉴를 고르지 말고, 새로운 메뉴를 찾아 떠나세요. 여러분 스스로 맛보기 전에는 그 것을 여러분이 좋아하는지 안 좋아하는지 아무도 모릅니다.

그래서 뭘 어떻게 해야......

더 혼란스럽지 않나요? 읽다보니 전공도 잘 모르겠고, 적성도 잘 모르겠지요? 섣불리 '내 적성은 현재 전공과 안 맞는다.'라는 판단내리지 말고 전공, 적성에 대해 더 많이 알아보기 바랍니다. 전공, 잘하는 것, 좋아하는 것, 이 세 가지 중에 지금 여러분이 가장 모르는 것은 본인이 좋아하는 것, 그 다음이 전공일 겁니다.

좋아하는 것에 빠져들어서, 그게 잘하는 게 되고, 잘하는 것을 여러분의 전공 분야와 연계하여 사회적인 가치를 만드는 것, 이게 가장 아름다운 진로입니다. 그래도 복잡한가요? 본인이 좋아하는 것부터 찾으세요. 물어보고, 맨땅에 헤딩하고, 뻔뻔하게 조르고, 직간접적인 경험을 넓혀가며 찾아보세요.

16. 복수전공하면 도움이 될까요?

짜장면에 따라오는 만두 vs. 팝콘이 좋아서 가는 극장

우리 동네에서는 짜장면을 네 그릇이상 배달주문하면, 군만두 한 접시를 서비스로 제공해줍니다. 원래 먹으려던 건 아니어도 덤으로 주니 맛나게 먹습니다. 조카 중에 극장에 가면 꼭 팝콘 대(大)자를 혼자 먹는 아이가 있습니다. 이 아이를 보면 영화를 좋아하는 건지, 팝콘을 먹으려고 극장에 가는 건지 갸우뚱 합니다.

여러분이 복수전공을 하려는 이유에는 두 가지가 있습니다. 첫째, 여러분 전공에 옵션으로 붙이려는 경우입니다. 짜장면에 따라오는 만두처럼, 메인은 여러분 전공이지만, 다른 전공을 일부 붙여서 여러분 원래 전공의 경쟁력을 높이려는 경우입니다. 둘째, 여러분 전공에는 사실 큰 관심이 없어서, 다른 복수전공에 빠져들려고 하는 경우입니다. 이 두 경우 모두 나쁘지는 않습니다. 다만, 두 번째의 경우에는 좀 위험한 면이 있습니다. A가 주전공이고, B가 복수전공인 경우 사회에서는 주로 첫째의 경우인 짜장면에 덤으로 오는 만두로 생각합니다. A를 잘하는데, B에 대해서도 꽤 아는 편으로 인정합니다. 여러분이 B분야에서 B분야 주전공자와 같은 대우를 받기는 매우 어렵습니다. 팝콘만을 위해서라면 극장에 가지 않고 팝콘만 사먹는 게 효율적이겠죠? '그렇다고 B과로 전과를 하거나, 다른 학교에 B과로 재입학할 상황이 안 된다.'라고 항변할 수 있습니다. A보다 B에 관심이 더 있는 상황에서, B를 복수전공하는 경우, B를 주전공으로 하는 사람들 보다는 여러 가지 제약이 따름을 알라는 의도이지, B를 복수전공하지 말라는 뜻은 아닙니다.

집중투자 vs. 분산투자

'복수전공 할까요? 말까요?'이는 앞서 얘기한 내용 중에 동아리 가입에 대한 경우와 비슷합니다. 하면 더 많은 것들을 배우니 좋지요. 그러나 그만큼 시간이 많이 투자되어야 하니까, 다른 부분의 시간을 줄여야 하거나, 여러분의 여유시간이 줄어드는 건 당연합니다.

복수전공을 하려는 목적이 좀 더 명확해야 합니다. 막연하게 내 전공에서 뭔가 자신감, 확신이 없으니, 사회에서 좀 더 인기가 있는 B를 복수전공한다는 논리는 별로입니다. B에 대한 복수전공이 내 진로에 어떤 도움을 줄지 구체적으로 생각하세요. 자칫하면 애매한 분산투자로 주전공,

복수전공 모두 망할 수 있습니다. 복수전공에 대한 목적이 불명확하면 차라리 현재의 전공에 집중투자할 것을 권합니다.

복수전공을 택한 H양

H양은 무역을 전공하는 학생이었습니다. H양의 아버지는 일본과 주거래 하는 작은 무역회사를 운영중이였습니다. 졸업 후 H양은 아버지와 함께 일을 할 생각인데, 사업영역을 중국으로 확대할 계획이었습니다. H양은 틈틈이 중국어를 공부할 정도로 진로에 대한 계획이 뚜렷했습니다. 나는 H양에게 중국어학 복수전공을 권했습니다. 중국어를 혼자서 공부할 수는 있겠으나, 중국어학을 복수전공하면 어학뿐만 아니라 중국 문화, 사회 등에 대해 좀 더 체계적으로 배울 수 있으리라 생각했습니다. H양의 진로계획이 뚜렷했기에 복수전공을 하는 상황이 분산투자가 아니라, '중국과의 무역'이라는 확실한 목표에 대한 집중투자로 보였습니다. H양은 현재 한국과 중국을 오가며, 꿈을 키워가고 있습니다.

17. 선배들이 스펙을 강조하는데, 뭘 하면 좋을까요?

스펙이 뭐죠? 그리고 스토리는?

영어 Specification의 앞부분에서 스펙을 따왔죠. 취업 시 기업에서 많이 따지는 학점, 어학, 자격증, 봉사활동, 인턴경험, 공모전 입상여부 등을 묶어서 칭하는 말입니다. 스펙이란 용어가 근래 들어 생기기는 했으나, 그런 용어가 없었던 1990년대에도 기업에서 인재를 채용하는 기준은 지금과 큰 틀에서는 별 차이가 없었습니다. 내가 대학을 다니던 1990년대 초중반에도 대학생들은 토익, 자격증, 학점, 인턴 등을 챙겼습니다. 지금

보다 다양하지는 않지만, 그 때도 여러 공모전이 있었습니다. 그러니 스펙이란 용어의 범람에 대해 너무 과민반응하지 않아도 됩니다.

이쯤에서 스토리라는 용어를 생각해봅시다. 스펙이 아닌 자신만의 이야기로 승부하는 시대라고, 그런 세상이 돼야 한다고 항변하는 사람들도 많습니다. 학교를 1년간 휴학하고, 세계 오지를 다녀온 두 학생이 있다고 가정합시다. 학생 A는 스스로 경비를 마련하고, 경로를 개척하며 여행을 다녔습니다. 학생 B는 지역별로 제공되는 패키지여행을 이용해서, 부모님이 주신 돈으로 편하게 여행하고 왔습니다. A는 스토리가 되고, B는 스토리가 안 됩니다. 차이점은 이렇죠. A의 스토리에는 진취성, 도전정신, 커뮤니케이션 능력을 가진 청춘이 나타납니다. B에게서는 나태하고 호사스런 철부지가 보이고요. A가 지닌 독특한 경험을 통상 스토리라 칭합니다. 남과 차별되는 자신만의 독특한 경험과 이야깃거리인 셈입니다.

기업, 사회는 어떤 인재를 원하나요?

국내기업의 인재상 순위(통계조사 결과임)는 다음 표와 같습니다. 이는 국외 기업도 비슷합니다.

표의 오른쪽 칸을 비워두었습니다. 여러분이 기업의 채용담당자라면 오른쪽 칸, 즉 각 항목을 어떻게 평가할까요? 크게 보면, 여러분이 서류로 제출한 과거 자료와 면접과정에서 말과 글로 설명한 내용을 통해 평가합니다. 즉, 스펙이건 스토리건, 여러분의 인생 기록으로 위 표의 요소들을 평가합니다. 예를 들어 지원자가 도전정신이 있는지 어떻게 알죠? 면접 때 '당신은 어려운 상황에서도 잘 도전합니까?'라는 식의 멍청한 질문으로 이 부분을 평가할 수는 없습니다. 지원자가 살아온 과정, 특히 스무 살 이후의 시간들에 대해 살펴봅니다. 어떤 도전적인 활동이 있었는

순위	대표 키워드	어떻게 평가할까?
1	창의성	
2	전문성	
3	도전정신	
4	글로벌역량	
5	협동능력	
6	열정	
7	고객지향 마인드	
8	혁신정신	
9	변화선도/수용력	
10	책임감	

지를 보겠죠. 하나의 항목으로 이를 평가할 수는 없습니다. 취미가 독서인 경우보다는 패러글라이딩인 경우, 봉사활동을 서울보다는 제3세계에서 한 경우, 공모전에 두 번 도전해 입상한 경우보다는 열 번 탈락하고 열한 번째 입상한 경우, 여러분의 이런 경험을 가지고 도전정신을 파악할 겁니다. 그리고 면접 때 이렇게 물어볼 수 있습니다. '당신이 했던 도전 중에 가장 무모한 것은 어떤 것이었고, 그 결과 무엇을 배웠습니까?' 혹시 당장 이 질문을 스스로에게 던진다면 할 말이 잘 떠오릅니까?

인사 담당자는 관상가가 아닙니다. 얕은 말장난에 현혹되지도 않습니다. '면접은 말빨이다.'라고 생각하는 학생들이 있는데, 결코 그렇지 않습니다. 스펙이나 스토리가 없는 비천한 말재주에 넘어갈 정도로 면접관들이 허술하지 않아요. 기업이 원하는 인재상, 넓게 보면 세상이 원하는 인재상에 대해 여러분의 인생 기록으로 평가받는 겁니다.

그래서 스펙과 스토리, 둘 중에 뭘 해야 하나요?

세상이 가장 좋아하는 인재는 둘 다 가진 사람입니다. 머리가 띵한가요? 다행히도 사회는 둘 중에 하나만 가진 인재도 충분히 필요로 합니다.

사회에서 혁신가(innovator)가 많이 필요하다고들 하죠? 다음의 그림을 봅시다. 세상에는 세 그룹의 사람이 있습니다(커튼의 이론). 새로운 것을 생각하고 도전을 좋아하는 혁신가, 기존 것을 지키고 꼼꼼하게 일을 챙기는 수용자, 그리고 이 둘의 사이에서 일을 연결시키는 연결자가 있습니다.

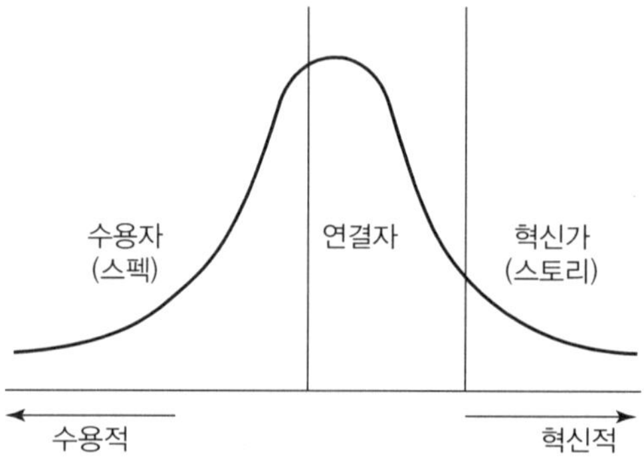

세상에서 혁신가를 목마르게 찾고 있으나, 그렇다고 해서 세상이 혁신가에 의해서만 돌아가지는 않습니다. 다만 상대적으로 혁신가의 비율이 낮게 분포하기 때문에 이들을 좀 더 찾는 것뿐입니다. 기업이 일을 하기 위해서는 이 세 그룹이 적당하게 섞여있어야 합니다.

사회에서 얘기하는 스토리는 결국 혁신가와 관련되어 있습니다. 자신만의 스토리를 만들 정도로 창의적으로 생각하고, 도전적으로 움직이며, 열정적으로 밀어붙이는 사람이 바로 혁신가입니다. 사회가 개인의 스토리를 통해서 보고자 하는 주요 요소는 바로 창의성, 도전정신, 열정입니다. 스펙으로 이런 요소가 안 나타나는 것은 아니지만, 스토리가 이 부분을 더 강하게 어필합니다.

착실하게 스펙을 쌓은 사람들이 주로 보이는 패턴은 수용자에 가깝습니다. 어감이 상대적으로 안 좋게 들릴 수 있으나, 수용자가 능력이 부족하거나, 필요성이 낮은 인재는 결코 아닙니다. 혁신가가 만들어낸 새로운 밑그림에 색을 칠하고, 빈틈을 채워나가는 역할을 수용자들이 맡아줍니다. 사회적으로 많은 비중을 차지하고 있으며, 실제 기업환경에서도 혁신가보다는 수용자가 더 많아야 정상적으로 기업이 돌아갑니다.

세상이 가장 좋아하는 인재는 둘 다 가진 사람이라고 했습니다. 스토리도 만들고, 스펙도 쌓아야 되는가라는 압박감을 느끼나요? 이 둘은 사실 긴밀하게 연결되어 있습니다. 스토리를 만드는 과정에서 스펙이 쌓이기도 하고, 쌓아놓은 스펙을 활용해서 더 많은 스토리를 만들 수도 있습니다. 스토리는 좀 있는데 스토리를 뒷받침할 아무런 스펙도 없는 사람, 재밌어 보이지만 함께 일하기에는 어딘가 불안해 보일 수 있습니다. 스펙은 압도적인데 그 스펙으로 자신이 해보고 싶었던 것을 실현한 게 무엇 하나 없는 사람, 업무 능력은 믿음이 가도 정작 그 능력으로 일을 하려는 생각이 있는지 의심이 됩니다. 둘 다 가지면 좋습니다. 그런데 둘 다 갖기 어렵다면 일단 어느 한 쪽에 집중하면 됩니다. 그러다 보면 다른 편의 기록도 여러분에게 조금씩 생기게 됩니다.

스펙이건 스토리건 모두가 여러분이 쌓은 인생실력(人生實力)의 기록입니다. 여러분이 대학 생활 4년간 얼마나 다양한 경험(학교공부 이외의 활동을 포함해서)을 하고, 치열하게 살며, 실력을 쌓았는가가 중요하며, 그 결과가 스펙 또는 스토리로 남는 겁니다.

스토리는 어떻게 만들죠?

많이 회자되는 스토리는 이런 것들이 있습니다.

- 태풍을 견뎌낸 사과를 더 비싼 가격으로 입시를 앞둔 이들에게 선물용으로 판매
- 인턴사원이 한달만에 외국의 거래처와 단독으로 계약 성사
- 자전거로 유럽 전역을 무전 여행한 젊은이
- 1년간 매일 아침 한 시간 먼저 출근해서 정직원이 된 인턴사원
- 청춘의 패기로 재래시장에 새로운 가게를 오픈한 젊은이

어떻습니까? 여러분도 위와 같은 부류로 여러분만의 스토리를 쉽게 만들 수 있을까요? 스토리가 어려운 점은 유니크(unique)해야 인정받는다는 겁니다. 지구상의 한명까지는 아니더라도 비슷한 스토리가 여럿 있으면 스토리로 인정을 못 받습니다. 사람들은 이렇게 말하기도 합니다. 지구상에 수십억 인구가 살지만 각자의 삶은 모두 다르고, 그래서 자기만의 스토리가 있다고요. 맞는 말입니다. 그러나 수십억 인구가 가진 각자의 삶이 사회에서 인정해줄 수준으로, 다시 말해서 앞서 열거한 예만큼 유니크하기는 쉽지 않습니다. 사람의 삶이란 게 어찌 보면 서로 다른 부분보다 닮은 부분이 더 많습니다.

그러면 유니크한 스토리는 어디서, 어떻게 나올까요? 유니크해지려는 노력에서 유니크한 스토리가 나오지는 않습니다. 유니크한 스토리의 뿌리는 여러분만의 뚜렷한 인생 목표, 미치도록 좋아하는 것에서 나옵니다. 미치도록 좋아하는 것이 생기고, 그 것을 쫓다보면 스토리가 나오는 겁니다. 소설 쓰듯이 스토리를 먼저 기획하고 그걸 억지로 따라가며 산

다고 해서 스토리가 나오지는 않습니다. 스토리를 만들고 싶다면, 먼저 자신이 미치도록 좋아하는 것이 무엇인지 찾아야 합니다.

미치도록 좋아하는 것을 쫓았는데 사회에서 인정해주는 스토리가 안 나오면 어쩌나 걱정되나요? 그런 걱정을 하는 사람은 오늘날 사회가 원하는 수준의 스토리를 만들기 힘듭니다. 스토리는 혁신가가 만든다고 했습니다. 혁신가는 나를 세상에 맞추는 게 아니라 세상을 나에게 맞추고자 시도하는 사람들 입니다. 그 시도가 성공했을 때 혁신, 진정한 스토리가 남는 것입니다.

스펙은 어떻게 만들죠?

스펙은 여러분이 졸업 후에 대학원을 가건, 취업을 하건, 창업을 하건, 아니면 집에서 몇 년 쉬다가 다시 뭔가를 해보려고 하건, 뭘 하건 간에 여러분의 삶에 도움이 됩니다. 여러분이 졸업 후에 어떤 삶을 살 건 여러분의 기본적 능력이 됩니다.

모 취업포탈 사이트의 조사에 따르면 기업에서 원하는 스펙은 인턴, 대외활동, 어학/자격증, 아르바이트 순이었습니다. 학점은 기본이지요.

- **인턴:** 기업에서 짧게는 한 달, 길게는 한 두 학기 정도 일을 하는 겁니다. 학교에 게시되거나 또는 외부적으로 공개모집하는 인턴정보를 참고해서 응모하면 됩니다. 보통 공고기간이 짧은 게 많으므로 자주 알아보고, 자동으로 통보받을 수 있는 서비스가 있으면 신청해두세요. 대부분 학과 사무실 또는 교내 취업지원부서에서 이런 서비스를 해줍니다. 신청 시 일정 자격(학점, 자격증 등)을 요하는 경우도 있으니, 과거의 공고도 살펴보면 도움이 됩니다. 가급적

여러분이 막연하게라도 일해보고 싶거나, 동경하는 곳에서 해보면 좋으나, 그게 안 되면 작은 자리에서라도 일해보기 바랍니다. 인턴에게 기본적으로 어려운 일은 안 시킵니다. 그러나 가능하다면 한 달 동안 커피만 타다가 끝내기 보다는 하다못해 서류 복사라도 하는 게 좋습니다. 서류라도 한 달 내내 복사하다보면 그 회사 업무가 아주 조금은 보이게 됩니다. 즉, 업무 자체에 너무 기대하지는 말되, 그래도 최대한 적극적으로 배우는 자세, 이게 답입니다. 인턴으로 들어가기 어려운 회사들의 경우 공모전 입상자에게 부상으로 이런 혜택을 주기도 합니다. 인턴자리가 혜택이 된 현실이 씁쓸하지만, 현실이 그렇습니다.

- **대외활동:** 외부봉사, 공모전, 공공/사회단체/기업체 활동 등이 여기에 해당됩니다. 외부봉사는 학교를 통해 모집하거나, 외부의 공공단체, 기업에서 모집하는 경우가 있으니 역시 홈페이지 뒤지기가 필수입니다. 봉사는 신청하면 다 받아주는 경우도 있고, 경쟁이 있어도 그리 높지는 않지요. 공모전의 경우는 공모전 정보만 모아서 제공하는 사이트도 많고, 대규모 공모전은 학교에 포스터가 대부분 게시됩니다. 공모전의 경쟁률은 굉장히 높은 편입니다. 1000:1의 공모전도 봤습니다. 그렇다고 미리 겁먹을 필요는 없습니다. 졸업 전 1회 정도 수상을 목표로, 지금부터 한 학기에 한 두 번씩 친구들과 도전해보기 바랍니다. 대기업 취업자들의 공모전 평균 입상회수가 1회 정도 입니다. 기업마다 비슷한 주제의 공모전들도 많습니다. 따라서 매번 새롭게 작품을 만들 필요도 없습니다. 한 번 떨어진 것을 계속 다듬고 살찌워서 도전해도 됩니다. 공모전 과정에서 학과 교수님들의 도움이 필요하면, 과감히 부탁하세요. 교수님에게 만들어달라는 게 아니라, 의견을 여쭤보면 됩니다. 여러

분의 작품에 대해 제출 전에 미리 평가를 해달라고 해도 됩니다. 공공/사회단체/기업에서 운영하는 체험활동이 있습니다. 종류가 굉장히 다양합니다. 단체나 기업의 업무를 도와주는 경우, 단체나 기업의 후원으로 외부에 봉사하는 경우, 단체나 기업의 업무를 약식으로 체험하는 경우 등이 있습니다. 오래된 프로그램의 경우 과거 후기들이 있습니다. 후기를 보면 속빈 강정들도 적잖습니다. 시간은 한정되어 있으니 가급적 알찬 프로그램에 참여해보세요.

- **어학/자격증:** 어학의 경우는 '토익공부 많이 하던 데, 저도 같이 하면 될까요?'부분을 참고하세요. 자격증의 경우 전공마다 차이는 있으나 상위 대기업 기준으로 자격증 1~2개입니다. 너무 쉬운, 중고등학생도 취득하는 자격증은 필요 없습니다. 대학생 수준에 맞는 것으로 준비하세요. 취득이 아주 어려운 자격증을 준비하는 학생들도 있는데, 본인이 자신 있다면 말릴 생각은 없으나, 보통은 자기 전공의 선배들이 보편적으로 취득한 자격증을 목표로 하는 게 더 좋습니다.
- **아르바이트:** 큰 틀에서는 인턴과 비슷한 속성입니다. 도전정신, 열정, 고객지향 마인드, 책임감 등을 이 경험에서 보려고 할 겁니다. 기업에서는 온실 속 화초처럼 자란 사람은 인재로 보지 않습니다. 집안 여건이 풍족해도 경험을 쌓는 차원에서 3~4종류의 아르바이트는 해보면 좋겠습니다.

좀 더 정량적인 목표치가 궁금한가요? 예를 들어 인턴을 몇 번, 어느 기간 정도 해야 하는 것인지. 여러분이 목표로 하는 기업의 채용공고, 취업후기를 인터넷에서 살펴보면 알 수 있습니다. 금융권에 취업을 하고 싶다. 그러면 1금융권, 2금융권의 대표기업 서너 개씩을 대상으로 이런 자료를 찾아보면 감이 딱 올 겁니다. 학점의 경우는 대기업, 중소기업을 막론하고 여러분의 생각보다는 상대방의 기대치가 그리 높지 않습니다. 통상 B학점 이상이면 학점 때문에 취업 시 큰 결격이 되지는 않아요. B+ 이상이면 무난합니다. 반대로 2.0대의 학점, 즉 B학점 미만자에 대해서는 매우 안 좋게 봅니다. 대학생의 본분은 학업인데 그 본분에 충실하지 못했다고 봅니다. 학점이 낮으니 전문성이 부족하다는 인식보다는 본인이 기본적으로 해야 할 일도 못하는 무책임한 사람이라고 보게 됩니다. 4.5 만점(학교에 따라서는 4.0이 만점인 경우도 있음)또는 4.2~4.3을 목표로 하는 학생도 있습니다. 학교공부를 열심히 한다는 점에서 좋습니다만, 이 경우 학교공부에만 너무 매달려서 다른 것들을 챙길 시간이 부족하지 않을지 좀 걱정이 됩니다. 4.3이 목표인 학생이, 3.8정도를 목표로 하면 꽤 많은 시간적 여유가 생깁니다. 그 시간에 다른 일들에 도전해보면 좋겠습니다.

K군은 스펙인가요? 스토리인가요?

전자공학과에 입학한 K군은 1학년 때 부터 컴퓨터 프로그램에 푹 빠졌습니다. 학과에서 몇 과목 배우기도 했으나, K군은 전공보다 프로그래밍이 더 좋아서, 스스로 책을 사서 독학을 했습니다. 국내 서적으로 부족한 부분은 원서를 사서 공부하고, 모르는 부분은 원 저자에게 메일을 보내 물어볼 정도로 열성이었습니다. 그러다보니 2학년이 된 K군의 실력은 프로그래밍 아르바이트를 할 수준이 되었습니다. 컴퓨터 잡지사에 프로그래밍에 대한 기고도 했습니다. 원고에 대한 기획안을 가지고 무작정 잡지사를 찾아가 지면을 따낸 겁니다. 프로그래밍에 너무 빠지다보니 K군의 전공 성적은 그럭저럭 평범한 수준이었습니다.

동기들은 이런 K군이 신기하면서, 걱정도 되었습니다. 다른 동기들 대부분은 토익 공부, 자격증, 학점에 열을 올리고 있었기 때문입니다. 그런데 4학년 1학기가 되어서 모 대기업에서 K군에게 연락이 왔습니다. K군이 이런 저런 잡지에 기고했던 글들을 보고, K군을 특채로 뽑고 싶다고 했습니다. 동기들은 매우 의아해했습니다. K군이 프로그래밍을 좀 잘한다는 건 알았지만, 그 정도의 기회가 올 줄은 몰랐습니다. K군은 왜 자신을 뽑으려하는지 담당자에게 물었습니다.

> '원서를 보며 독학으로 익힌 것들이 많고, 외국 저자들과 서신 왕래도 많던데, 그 정도면 업무에서 영어 때문에 문제는 안 된다고 생각합니다. 진취적이라는 생각도 들고요. 또 잡지사에 기고를 한 걸 보니, 실무적인 감각이 뛰어나고, 기획력도 좋아 보입니다. 그 정도 실무 감각이면 자격증 없어도 문제 안 됩니다. 학점이 썩 높지는 않지만, 학점 0.5점, 1.0점 더 높은 지원자보다 업무를 더 잘 할 게 확실합니다.'

K군은 토익책을 보거나 학원을 다닌 것은 아니지만, 많은 원서를 보며 어학실력을 키웠습니다. 자격증은 없었지만, 자격증 그 이상의 실력이 있음을 잡지에 실린 글로 증명했고요. 창의력, 기획력, 진취성이 있음을 상대에게 설명할 필요도 없었습니다. K군이 스펙없이 이런 기회를 얻은 것은 아닙니다. K군은 K군 나름대로의 방법으로 스펙을 만든 겁니다. 어찌 보면 영어 학원을 다니고, 자격증을 따고, 학점에 집중했던 동기들과 K군이 쌓은 스펙은 결과적으로는 비슷할 수 있습니다. 그러나 과정은 확연히 다릅니다. K군은 미치도록 좋아하는 일을 통해 스토리를 만들었고, 그 스토리를 써가는 과정에서 여러 스펙을 채운 셈입니다. 스토리를

쓰기위해 억지로 노력한 것이 아닙니다. 자신만의 삶을 살고 그게 스토리로 남은 겁니다.

마지막 처방

여기까지 읽고, 아무리 생각해도 뭘 해야 할지 모르겠다면, 한 가지만 기억하세요. 바쁘게 사세요. 본인이 좋아하는 것을 계속 생각하고, 조금이라도 관련된 일들이 있다면 촘촘히 계획해서 바쁘게 움직이세요. 그러다 보면 어느새 스펙이건 스토리건 조금씩 윤곽이 보일 겁니다. 밖으로 나가지 않고, 집안에서만 빈둥거리는 사람에게는 스펙, 스토리 그 무엇도 남지 않습니다.

18. 군대 다녀온 후 복학 전에 무엇을 하면 좋을까요?

입대 시기 & 복학 전 남는 시간

현재 기준으로 현역병 복무기간이 21개월입니다. 입대날짜를 잘 받는다면 이럴 수 있습니다. 12월에 학기를 마치고, 다음해 1월에 입대합니다. 그러면 그 다음해 9월말에 제대합니다. 대학의 가을학기가 9월초에 시작하니, 학기 시작 후 한 달 뒤에 제대하게 되죠. 이 경우 9월에 복학하는 학생도 있었습니다. 9월 한 달 동안 최대한 휴가를 쓰기도 하고, 교수에게 일부 양해를 구하기도 하고, 일부는 결석으로 처리 합니다. 그런데 많이 무리가 따르지요. 보통은 입대 전후로 합쳐서 4~6개월 정도 공백이 생깁니다. 학생들의 대부분이 이 시간을 어영부영 날립니다.

입대 전, 후의 To Do 목록

우선, '공강시간에 무엇을 하면 좋을까요?', '뭔가 특별한 대학생활을 꿈꿨는데……', '선배들이 스펙을 강조하는데, 뭘 하면 좋을까요?'부분을 참고하기 바랍니다. 그 글들에서 권하는 항목 중에 여러분이 입대 전, 후의 기간에 해볼 수 있는 것이 무엇인지 살펴보세요.

입대 전에는 가급적 여행, 다양한 책읽기, 사람 만나기 등 생각과 관계의 폭을 넓히는 활동을 권합니다. 입대 전에는 머리가 복잡하고, 마음이 뜬 상태여서 차분한 공부를 하기가 어렵기 때문입니다. 복학 전에는 전공공부에 대한 준비, 어학공부, 아르바이트, 공모전 등을 권합니다. 복학을 앞두고 두려움도 있겠으나, 학업과 진로에 대한 열정이 타오르는 시기이기 때문입니다.

입대 전, 후가 합쳐서 4~6개월이니, 실상은 각각 2~3달 정도입니다. 친구들 만나서 하루 술 마시고, 집에서 하루 뒹굴고 하다보면 참으로 금세 지나가는 시간입니다. 입대 전에 할 활동은 입대 전 마지막 학기에 틈틈이 생각해서 미리 적어보기 바랍니다. 복학 전에 할 활동도 제대 전에 생각해서 미리 적어보고요. 사람이 머릿속으로만 생각한 계획과 글로 적은 계획의 실천력에는 큰 차이가 있습니다. 계획은 꼭 글로 적어두세요.

군대 안에서

군대 안에서도 시간이 남아요. 늘 그런 건 아니지만요. 입대 초반 그리고 각종 대규모 훈련 기간에는 매우 바쁠 겁니다. 그래도 복학한 학생들 얘기를 들어보면 중간 중간 그리고 제대가 다가올수록 시간이 남아돈다고 합니다. 이 시간도 유용하게 사용하면 좋겠습니다. 군대 안이라는 제약 요건이 있으나, 그래도 몇 가지는 할 수 있습니다. 다음의 항목은 군대 안에서 여러분의 위치(지위), 시간이 될 때 해보라는 겁니다.

- **학점이수:** 대부분의 대학에서 일부교양과목을 온라인 과목으로 수강할 수 있습니다. 학점을 일부 취득해두면 복학 후 좀 여유롭습니다.
- **독서/어학 공부:** 책 한권만 있으면 할 수 있지요. 한 번에 긴 시간을 할애하기 어려울 테니, 좀 쉬운 책, 챕터별로 내용이 나눠지는 책이면 더 좋습니다.
- **전공 구멍 메우기:** 입대 전 수강했던 전공과목의 대부분은 복학 후에 다른 전공과목과 연결이 됩니다. 입대 전 학점이 낮았거나, 시간이 지나 기억이 가물거리는 과목이 있으면, 수업 교재만이라도 복습차원에서 한번 읽어보기 바랍니다.
- **취미생활 만들기:** 작은 크기의 악기를 택해 교본을 가지고 연습할 수 있습니다. 그림 그리기를 해봐도 좋고요. 요즘에는 보디빌딩(흔히 말하는 '헬스')을 하는 친구들도 많으니, 부대 내에서 운동하는 방법을 배워두면 평생 건강관리에 도움이 됩니다.

19. 어학연수를 1년 정도 다녀오면 도움이 많이 될까요?

목적이 뭐고, 도움은 될까요?

어학연수의 목적은 두 가지입니다. 첫째, 듣기 능력과 일상회화의 말하기 능력을 높이기 위해서입니다. 둘째, 외국생활 경험을 해보기 위해서입니다. 이 두 가지 목적에 대해 여러분이 좋은 계획으로 시간을 잘 보내고 온다면, 분명히 도움이 됩니다. 단, 무늬만 어학연수일 뿐 쇼핑, 여행, 돈벌이 등에만 치중된다면 결국 여러분에게 남는 건 처음의 목적과 다른 결과입니다.

어학연수, 무엇을 고려해야 할까요?

동남아의 영어권 국가, 호주/뉴질랜드, 캐나다/미국, 유럽, 통상 이정도의 네 개 권역이 그 대상이 됩니다. 부모님이 주신 돈, 본인이 번 돈, 현지에서 벌 돈, 또는 이 방법들의 조합으로 자금을 조달합니다. 기간은 통상 6개월에서 길게는 2년까지의 경우도 있습니다.

어학연수 권역, 자금조달 방법, 기간, 이렇게 세 가지를 가지고 연수 방법을 선택해야 합니다. 첫째, 동남아권역의 비용이 제일 저렴합니다. 그 다음이 호주/뉴질랜드, 캐나다/미국, 유럽 순입니다. 동남아권역의 경우 1:1로 교습 받는 환경이 저렴하게 잘 구축되어 있습니다. 원어 발음과 다르다는 문제를 지적하기도 하지만, 실상 여러분이 대학생이 되어서 영어를 배우게 되면 원어민 발음은 절대로 나오지 않으니, 이 부분은 접어둔다고 생각해도 좋습니다. 그리고 동남아 영어권 국가의 영어발음은 미국인, 영국인들도 잘 알아듣습니다. 물론 그래도 여건이 허락된다면 원어 발음으로 배우면 더 좋겠지요. 영어 공부 환경이외에 방문지역에 따라 현지인을 만나고, 여행할 수 있는 환경도 다릅니다. 일예로 홍콩의 경우는 1년간 체류하면서 생활하기에는 지역이 좀 좁다고 여길 수 있습니다. 반면에 캐나다/미국의 경우 국토가 너무 방대하여 1년을 있어도 실제 방문할 수 있는 지역은 매우 제한적입니다. 영국의 경우는 유럽의 지리적 특성상 인접 국가들을 둘러보기에 용이합니다.

둘째, 부모님의 지원, 본인이 미리 준비한 돈, 현지 조달, 이 세 방법을 섞어서 가는 게 가장 현명합니다. 비행기표, 초기에 현지에서 정착하는 비용까지는 최소한 부모님의 지원을 받거나 본인이 미리 준비해야 합니다. 현지 조달을 위해 현지에서 아르바이트를 하기도 하고, 워킹홀리데이를 하기도 합니다. 워킹홀리데이는 국가 간 협약을 통해 청년들이 외국에서 체류하면서 1년 이내 기간 동안 취업을 할 수 있는 제도입니다. 여러분이 어학연수를 갈만한 나라들 중에는 캐나다, 호주, 뉴질랜드, 영국, 홍콩 등이 워킹홀리데이 협약 국가에 해당됩니다. 국가별로 어학연수생들이 할 수 있는 아르바이트, 워킹홀리데이 정보는 너무 다양하므로, 인터넷을 참고하세요.

셋째, 기간은 1년을 권장합니다. 6개월은 너무 짧고, 1년이 넘어가면 그 목적이나 정체성에 혼란이 올 수 있습니다.

간다면, 무엇을 준비해서, 언제 갈까요?

가기 전에 준비할 것은 돈, 기초 어학실력, 사전조사입니다. 첫째, 돈은 비행기표, 최소 한 두 달을 현지에서 지낼 수 있는 정착자금정도가 필요합니다. 현지에서 아르바이트, 워킹홀리데이를 안 한다면 물론 더 많은 자금이 필요합니다. 둘째, 한국에서 공부할 수 있는 것들은 여기서 최대한 공부하고 가세요. 그래야 현지에서 많이 배웁니다. 기초적인 회화, 영어단어 암기, 이런 것들은 굳이 외국 가서 안 해도 됩니다. 그리고 기초가 있어야 초기 정착, 언어 학습이 쉽지요. 한국에서 영어를 거의 포기한 수준의 학생이 해외에 1년 체류한다고 영어가 터져서 들어오는 경우는 못 봤습니다. 좀 더 어린 나이에 나가서 수년을 외국인과 밀접하게 섞여 지내야, 기초가 없는 상태에서도 언어를 배울 수 있습니다. 셋째, 현지에서 어떤 일을 하고, 어떤 방식으로 언어를 배우고 생활하는지 충분히 알아보세요. 심한 경우는 현지에 있는, 어학연수 먼저 간 선배 한 명만 믿고 떠난 학생도 봤습니다. 이 경우 현지에서 허비되는 시간, 시행착오가 너무 많아집니다.

R군의 우울한 워킹홀리데이

R군은 학생들이 많이 가는 호주로 1년간 워킹홀리데이를 갔습니다. 출발 전에 영어 실력은 매우 안 좋았습니다. 전공 서적을 한 단어, 한 단어 사전에 의지해서 아주 어렵게 이해하는 정도였습니다. 출발 전에 확보한 자금은 비행기표와 한 달 정도의 기본생활비정도였습니다. R군은 호주 도착과 거의 동시에 외곽지역에 있는 한 농장에 일자리를 잡아서 1년을 머물렀습니다. 함께 워킹홀리데이를 한 동료들 대부분은 한국인이었다고 합니다. 농장이 도시와 멀고, 일이 꽤 힘들어서 주말에는 거의 농장에서 머물렀고요. 어쩌다가 도시로 놀러나가는 경우, 농장주인인 할아버지와 몇 마디 나누는 경우가 영어 체험 기회의 전부였습니다. 귀국할 시기가 거의 다 되었을 때 쯤 R군은 두 학기 정도의 등록금을 모았다고 합니다. 그 돈으로 귀국 전에 한 달 정도 여행을 할까도 했고요. 그런데 호주에 1년간 머물렀으나, 어느 지역을 가볼지도 막막하고, 의사소통에 대한 자신이 없어서 결국 그대로 귀국했습니다. 1년간의 호주 생활이 R군에게 남겨준 건 두 학기 등록금과 검게 그을린 굵은 팔뚝이었습니다.

어떠세요? 알차다고 보이나요. R군이 완전히 시간을 허비했다고 생각하지는 않습니다만, 아쉽기는 합니다. 이러했다면 더 좋았을 겁니다. 첫째, 출국 전에 기본적인 회화공부는 해야 합니다. 하다못해 단어장이라도 열심히 암기하고 가야죠. 둘째, 사정이 여의치 않아서 일을 병행한다고 해도, 공부가 될 수 있는 환경 내에서 해야 합니다. 일의 강도가 너무 높지 않아야 하고, 외국인들과 소통할 수 있는 환경이어야 합니다. 셋째, 외국인 친구건, 학원이건, 본인이 영어공부를 꾸준히 할 수 있는 장치가 있어야 합니다. 넷째, 나간 김에 해당 국가의 이곳저곳을 많이 둘러봐야죠. 그런 기회를 갖기가 쉽지 않잖아요.

20. 다른 학교로 편입준비하면 어떨까요?

편입하려는 이유

'학교 다니면서 반수, 재수 준비해도 될까요?'에서 얘기한 이유와 비슷할 겁니다. 지금 공부하는 전공이 마음에 안 들거나, 전공은 마음에 드는데 학교가 싫거나 둘 중의 하나일겁니다. 둘 다인 경우도 있고요.

배신자, 기회비용에 대한 고민

편입을 준비하면 주변(특히, 현재 학과 선후배)에서 어떻게 생각할 지, 얼마나 준비를 해야 할 지, 하다가 안 되면 주변사람들에게 부끄럽기도 하고 허탈할 것 같고, 이런 고민들이 생깁니다.

첫째, 주변사람의 시선이 아무런 의미가 없지는 않으나, 그 시선이 여러분 인생의 주요 의사결정요소가 돼서는 안 됩니다. 아무리 생각해도 현재의 학과, 학교로는 여러분의 진로에 부족한 점이 보인다면 과감하게 결정하세요.

둘째, 편입에는 일반편입과 학사편입이 있습니다. 일반편입의 경우 4년제 대학의 2학년을 마친 상태에서 타 대학의 3학년으로 들어가게 되고, 학사편입의 경우 4년제 대학을 마친 상태(또는 4학년을 다 다닌 게 아니어도 학점은행 등을 이용해서 4년제 대학 학점을 모두 채운 상태)에서 타 대학의 3학년으로 들어가게 됩니다. 두 가지 모두 상대편 학교, 학과에서 매회 뽑는 숫자가 다릅니다. 따라서 관심이 있는 학교, 학과 몇 개를 정해서 미리 알아봐야 합니다. 일반적으로는 일반편입 경쟁률이 학사편입에 비해 월등히 높습니다. 뽑는 기준은 학교마다 다르지만 보통은 학점, 어학성적, 면접 등이 작용됩니다. 학교마다 기준이 다르므로 이 부분도 미리 알아봐야 합니다. 이 부분을 알아보면 본인이 어느 정도 시간, 노력을 투자해야 하는지 감이 올 겁니다. 스스로 준비하는 방법도 있고, 시중에 편입학을 도와주는 학원도 많습니다. 학교에 다니면서 편입학에 대해 알아보고, 결심이 섰다면 한두 학기 정도 휴학하세요. 여건이 된다면 학원의 도움을 받으면서 준비하는 방법이 가장 효율적입니다.

셋째, '학교 다니면서 반수, 재수 준비해도 될까요?'에서 '실패 후에 찾아오는 자괴감을 극복하는 훈련도 필요합니다. 이 훈련은 절대로 남이 대신해줄 수도, 간접적으로 체험할 수도 없습니다.'라고 했습니다. 이 얘기를 다시 상기해주세요.

편입이 되어도 걱정이지요?

된다고 할 경우, 그 학과 재학생들과 학교생활 중에 뭔가 차별은 없을지, 졸업 후에 나를 바라보는 사회적 시선은 어떨지 궁금할 겁니다.

첫째, 편입학 학생에 대한 시선은 전학생 정도와 비슷합니다. 극히 일부 학생은 마음속으로 차별을 두기도 하지만, 그런 것이 겉으로 표출되어서 문제 시 되는 경우는 매우 드뭅니다. 그리고 학교생활에서 공식적인 차별은 전혀 없습니다.

둘째, 사회에서 이에 대해 알 수도 있고, 아닐 수도 있습니다. 학교에서 발급해주는 졸업장에 편입사실은 표기되지 않습니다. 다만 여러분이 이력서를 작성하거나 면접 과정에서 이 부분이 공개될 수는 있습니다. 대학교 입학 시기, 재학기간 등을 표기하거나 묻는 과정에서 알게 됩니다. 공식적으로 사회에서는 편입생을 다르게 대우하지 않습니다. 다만 몇몇 사람의 개인적인 시각이 일부 다를 수 있음은 감수해야 합니다.

편입의 대안

편입을 심각하게 고민한 경우 복수전공은 대안이 잘 안 되더군요. 대학원 진학이 대안이 될 수 있습니다. 여러분이 A학교 B학과 소속에서, C학교 B학과로 편입하고 싶었다면, 대안으로 C학교 B학과의 대학원을 갈 수 있습니다. 대안이 가진 장점은 편입보다 대학원 경쟁률이 훨씬 낮다는 점과 석사학위를 취득한다는 점입니다. 현재 다니는 학교, 학과보다 여러분 스스로 판단하기에 어중간한 쪽으로 편입하느니, 대학원 진학이 더 좋을 수 있습니다. 학부와 같은 전공의 대학원을 가게 되면 더 깊이 있는 공부를 할 수 있으며, 학부와 다른 전공의 대학원을 가게 되면 좀 더 폭 넓게 융합적인 공부를 할 수 있습니다. 반면에 여러분의 출신 학부, 학과는 당연히 학적에 그대로 남습니다. 자신이 편입하고자 하는 목적에 따라 이 대안을 고려해보세요.

3학년

내년을 두려워하는 어설픈 선배에게

바로 위 선배인 4학년, 그들이 내뱉는 한숨과 방황이 여러분이 숨 쉬는 공기마저 무겁게 하지는 않나요? 대학에서 보낸 2년이 그리 길게 느껴지지 않을 겁니다. 이제 그 시간의 절반만 더 지나면 4학년이 됩니다.

무언가 준비되었다고 보기에는 내세울 게 별로 없고, 당장 사회에 얼굴을 들이 밀 시기도 아닙니다. 4학년은 학과 내에서 뭔가 뒤로 한 발 물러난 듯이 행동합니다. 1, 2학년이 가장 많이 바라보는 선배는 이제 3학년인 여러분들입니다.

무거운 마음으로 내년을 바라보는 여러분의 고민을 함께 생각해보지요.

21. 복학해보니, 아는 친구가 없는데, 아싸로 지낼까요?

아싸가 되는 이유

아싸는 아웃사이더(Outsider)를 의미합니다. 수업과 관련해서 의무적으로 해야 하는 과제를 제외하고는 다른 학생들과 개인적으로 어울리지 않는 학생입니다. 사회에서 흔히 칭하는 왕따와는 좀 다른 의미입니다. 왕따는 집단 내의 다른 구성원들이 특정인을 의도적으로 따돌림 하는 현상입니다. 그러나 아싸는 본인 스스로 타인과의 관계를 단절하는 경우입니다. 이 글에서는 왕따가 아닌 아싸에 대해서만 이야기하겠습니다.

아싸를 선택하는 이유는 타인과의 인간관계에서 뭔가 문제를 느껴서 입니다. 타인에게 깊은 상처를 받아서 의도적으로 피하는 경우, 타인과의 교감 필요성을 별로 느끼지 않는 경우, 본인이 왕따를 당하지는 않으며 타인과 친해지고 싶으나 타인에게 다가가는 방법을 모르는 경우 등 입니다.

복학생들이 아싸로 지내려는 경우는 보통 앞에서 설명한 세 가지 유형 중에서 세 번째에 해당됩니다. 복학해보니 아는 사람들도 별로 없고, 특히 후배들이 많은데 선배입장에서 너무 아이같이 굴기는 민망하고, 그렇다고 선배처럼 후배들을 리드할 자신도 없는 경우입니다. 그래서 수업만 주로 듣고, 학과 내 다른 활동에서 자꾸 빠지다보면 어느 순간 아싸로 지내고 있는 자신을 발견하게 됩니다. 정확한 통계가 있는 건 아니지만, 한 학년에 한두 명은 이렇게 지내는 학생들이 보입니다.

아싸가 안 좋은 이유

이 글의 결론은 아싸로 지내지 말라는 겁니다. 첫째, 생활의 활력이 떨어집니다. 중고등학교 시절 친구들도 있겠으나 대학에 입학한 후에는 학내에서 보내는 시간이 많은데 학과 사람들과 인간관계가 단절되면 생활이 매우 무기력해집니다. 둘째, 공부에도 지장을 줍니다. 아싸가 되면 친구들과 과하게 놀다가 공부를 망치는 경우는 없겠으나, 오히려 전공공부, 외부활동, 자격증/어학 공부 등을 함께 할 수 있는 기회가 없어서 매우 힘들어집니다.

아싸가 안 되는 방법

학과에서 공식적으로 진행하는 각종 행사에 빠지지 말고 참석해보세요. 그러다보면 자연스레 사람들과 어울릴 기회가 생깁니다. 나이 차이가 좀 있더라도, 후배들에게 먼저 다가가 보세요. 선배지만 전공지식이 부족해서 후배들에게 부끄럽다고 생각되는 경우가 있더라도, 피하지 마세요. 선배가 후배에게 보여줄 게 전공지식이 전부가 아니잖아요? 또한 막 복학한 선배에게 특별한 필살기를 기대하는 후배도 별로 없습니다.

아싸가 안 되겠다는 마음을 먹고, 내면에 있는 소심함을 조금만 밀어내면 여러분 주변에는 많은 사람들이 생깁니다. 학과 모든 사람과 친하게 지내지는 못하더라도, 최소한 여러분이 아싸로 남지는 않습니다.

졸업 후 아싸가 된 J군

J군은 대학시절 친구가 참 많았습니다. 리더십이 좋아서 학과 내에 신규 동아리를 만들기도 했습니다. J군은 졸업 후 외국계IT회사에 취업을 했습니다. 졸업 후에도 가끔씩 J군과 연락을 했는데, 어느 날 J군이 풀죽은 얼굴로 나를 찾아왔습니다.

'교수님, 직장동료와 친구가 되는 건 결국 어려운 건가요?'

J군은 직장에서 스스로가 아싸라고 했습니다. 앞서 아싸가 되는 이유를 '타인에게 깊은 상처를 받아서 의도적으로 피하는 경우, 타인과의 교감 필요성을 별로 느끼지 않는 경우, 본인이 왕따를 당하지는 않으며 타인과 친해지고 싶으나 타인에게 다가가는 방법을 모르는 경우'라고 했습니다. J군의 이야기를 들어보니 J군은 이 세 가지 모두에 해당되었습니다.

J군의 업무는 팀단위 작업보다는 개인 작업이 훨씬 비중이 컸습니다.

동료들 간의 나이차이도 서로 많았고요. 입사초기 부터 J군을 대하는 주변동료들의 태도는 꽤 까칠했다고 합니다. 알고 보니 그 회사 분위기가 전반적으로 그렇다고 했습니다. 이해관계를 떠나서 그저 사람들과 친하게 지내고 싶은 마음에 J군이 먼저 다가갔고, 몇몇 사람과 어울리게 되었다고 합니다. J군과 좀 친해진 사람들은 언젠가부터 J군에게 자신의 일에 대해 이런저런 도움을 요청했고, J군은 흔쾌히 응했습니다. 그런데 어느 순간 본인이 다른 이들에게 이용을 당한다는 느낌을 받았다고 합니다. 친구가 아니라, 자신의 일을 사적으로 떠넘길 수 있는 대상으로 J군을 대했고, J군의 부탁을 들어주는 일은 없었으며, 그러면서도 J군에 대해 여기저기 험담을 퍼트렸다고 합니다. 그 뒤로 J군은 스스로 회사 사람들을 피하기 시작했습니다. 주변 사람들에게 상처를 받았고, 굳이 주변사람들과 친해진다고 해서 본인에게 이득도 없고, 그런 사람들과 다시 좋은 관계를 형성하는 것도 어렵다고 했습니다. J군의 업무에 대한 회사의 평가는 꽤 높은 편이며, 업무자체에 대한 만족도도 높다고 했습니다.

J군에게 어떤 조언을 해줄지 좀 막막했습니다. 두 명의 사람이 친구가 되려면 서로가 서로를 친구로 생각해야 합니다. 한 쪽은 친구로 생각하고, 다른 한 쪽은 상대방을 이용하려고만 한다면, 그 관계는 사기꾼과 피해자의 관계일 뿐입니다. 겉으로 그들이 허허거리며, 어깨동무를 하고 있다고 해도 말입니다. 애석하게도 사회에는 선량한 동료들이 많으나, 사기꾼도 많습니다. 그리고 불행하게도 그런 사기꾼들에게만 둘러싸여 있는 경우도 가끔 생깁니다. J군 주변인물들이 어떤 사람들인지 나는 정확히 알지 못합니다. 다만 J군을 오래봐 온 사람으로서 J군에게 '자네가 계속 더 양보하고, 이해하며, 버티고, 친해져라.'는 식의 조언은 못했습니다. 사기꾼들의 친구로 지내다 보면, 여러분은 언젠가 자신도 모르는 사이에 피해자에서 공동사기꾼으로 변하게 됩니다. 나는 여러분이 사기꾼

으로서 사기꾼의 친구가 되느니, 아싸로 남기를 바랍니다. 여러분 주변의 몇몇 사기꾼과 거리를 두더라도, 세상에는 여러분의 좋은 친구들이 많기 때문입니다.

22. 삶에 대해 아무런 의욕이 없어요.

공부에 대한 의욕 실종 & 삶에 대한 의욕 실종

의욕을 잃은 학생에게 다시 의욕을 갖도록 돕는 것은 학생 상담 주제 중 손가락에 꼽을 만큼 어렵습니다. 삶에 대한 의욕을 잃은 것이 공부의 의욕을 잃은 경우보다 더 심각하지만, 두 문제의 본질을 들여다보면 비슷한 면이 많습니다.

의욕 실종의 원인

여러분이 잃어버린 의욕이 삶에 대한 것이건, 공부에 대한 것이건 간에 다음의 네 가지 경우에서 이유를 찾을 수 있습니다.

① 한계에 부딪힌 경우

전공공부를 하다보면 수업을 아무리 열심히 들어도 이해가 안 되는 부분이 있습니다. 공대의 경우 수리적 내용을 배우는 교과목에서 이런 현상이 종종 생기지요. 원인은 단순합니다. 고교시절의 기본적 수학실력이 부족하기 때문입니다. 무른 바닥위에 높은 탑을 쌓으려니 힘에 부치지요. 이런 현상이 반복되면 그 상황을 회피하고 싶어지고, 결국 의욕을 잃게 됩니다.

② 거대한 목표에 질린 경우

TV에 나오는 성공한 사람들, 특강을 하는 연사들, 자기계발 서적의 저자들을 보면 어떤가요? 그들이 성취한 결과가 참으로 매력적으로 보이면서도, 그 과정에서 그들이 겪었던 일들을 들어보면, 나도 과연 그렇게 할 수 있을지 의문이 들 겁니다. 거대한 목표가 누군가에게는 동기가 되지만, 누군가에게는 엄두내기 어려운 무거운 짐으로 여겨지고, 결국 시도도 해보기 전에 그 목표를 버리게 됩니다.

③ 체력적으로 힘든 경우

과제를 하거나, 친구들과 어울리다보면 밤을 새우는 경우가 적잖을 겁니다. 대학생들 중에 하루 수면 시간이 6~7시간이 채 안 되는 학생들이 많습니다. 식사를 제대로 챙기지 못하는 경우도 흔하고요. 일주일에 한 번도 땀 흘릴 정도로 운동을 하지 않는 학생들도 꽤 됩니다. 여러분이 강철체력의 20대이지만, 이런 생활패턴이 반복되다보면, 질병에 걸리지는 안더라도 체력저하 상태가 쉽게 옵니다. 체력이 떨어지면 정신력이 나약해지고, 나약한 정신력은 모든 것을 놓고 싶게 만듭니다.

④ 마음을 비출 거울이 없는 경우

당신의 휴대폰에는 몇 명의 연락처가 저장되어 있나요? 휴대폰에 저장된 수많은 사람들의 이름을 찬찬히 살펴보세요. 그 중에서 당신의 마음속을 90%이상 보여줄 수 있는 사람은 몇 명이나 있나요? 한 명은 있나요? 가족들과 원만한 관계를 유지한다고 해서, 가족들에게 당신의 마음을 모두 열어서 보여주는 게 그리 쉽지는 않을 겁니다. 유년기의 어린이가 아니기에, 머릿속에 얽힌 생각들이 당신 마음의 문을 모두 열지는 못하도록 막고 있을 겁니다. 당신의 마음을 보여주고, 비춰볼 수 있는 거울과 같은 존재가 당신 곁에 없다면, 당신 마음속에는 당신도 모르는 얼룩들이 쌓이게 됩니다. 그 얼룩들이 당신의 마음속을 암흑으로 채우는 순간, 모든 의욕들도 어둠속에 갇혀버립니다.

공부에 대한 의욕을 만드는 방법

앞서 얘기한 의욕 실종의 네 가지 원인을 바탕으로 이야기해보지요.

① 한계의 원인을 파헤쳐 보세요.

지금 공부하는 게 이해가 안 돼서 한계에 부딪힌 겁니다. 예전 책을 다시 꺼내 공부해야 합니다. 3학년이면 2학년으로, 1학년이면 고등학교 시절로 돌아가서 복습해야 합니다. '내가 3학년인데 어떻게 2학년 책을 다시 봐? 자존심이 있지.' 이런 생각은 버리세요. 현재 공부가 버겁다면 조금 더 앞으로 다시 돌아가서 놓친 부분을 다시 챙겨야 합니다. 놓친 부분이 누적될수록 돌아가기는 점점 더 어려워집니다.

시간이 아깝다고 여겨지면 이렇게 생각하세요. 지금 공부하는 게 3시간을 봐야 간신히 이해가 될 부분이라면, 차라리 그 내용에 대한 기초과목을 1시간 복습하세요. 그리고 다시 지금 내용을 보면 2시간이면 이해가 될 겁니다. 결과적으로 여러분이 써야하는 시간은 3시간 입니다. 요컨대, 부실한 기초를 다시 돌아가서 차분히 다져놓기 바랍니다.

② 단기 목표에 집중하세요.

여러분 손에 잡히는 단기적이고 작은 공부 목표들을 만드세요. 공부할 내용을 하루 단위, 더 짧게는 한 시간 단위로 계획해보세요. 그 많은 공부가 언제 끝날지 자꾸 생각하지 말고, 하루하루, 또는 매 시간의 목표에만 집중해서 살아보세요. 그리고 본인이 좋은 성적을 거뒀던 교과목을 떠올리세요. 현재까지의 학점이 형편없더라도 최소 한 두 과목은 A를 받은 게 있다면, 그 과목을 돌이켜보며 나도 잘할 수 있다고 스스로를 믿고 격려해주세요.

③ 몸을 잘 돌보세요.

건강을 돌보고, 체력을 키워야 합니다. 수면이 부족하면 수면 시간을 늘리세요. 시간이 너무 부족하다고요? 혹시 TV, 인터넷 서핑, 게임 등에 보내는 시간이 있다면, 그 시간을 줄이면 됩니다.

식사하는 시간을 고생한 본인 몸에 대한 보상으로 생각하세요. 동물이 사료를 먹듯이 식사 시간을 보내면 안 됩니다. 자취하는 학생이라면 라면을 줄이고, 한 가지 반찬이라도 만들어서 밥을 먹으세요. 식사시간

만큼은 가급적 편한 사람과 함께 하세요. 웃고 대화하며 식사할 수 있는 사람을 찾으세요. 친교를 위해 가끔은 불편한 식사자리를 갖는 것도 어른이 되어가는 과정이지만, 소화가 안 될 정도로 불편한 사람과 식사를 하는 상황은 가급적 줄여야 합니다.

여기저기 뻐근하고, 군살이 붙는 게 느껴진다면 운동을 하세요. 최소 일주일에 두 번은 땀이 젖을 만큼 몸을 움직여야 합니다.

④ 마음을 비출 거울을 마련하세요.

친구, 가족, 선후배, 연인 중에 최소한 한 명은 이런 사람을 만들어야 합니다. 당신 마음의 99%는 못되어도, 90%는 비춰볼 수 있는 누군가가 있어야 합니다. 마음을 조금씩 열어 보이며 그런 사람을 찾고, 만들어 나가세요. 10%의 마음을 열 수 있는 100명의 친구가 있다 해도, 90%를 열 수 있는 한 명의 역할을 하기 어렵습니다.

찾는 과정이 너무 오래 걸리고, 힘이 든다면, 매일 일기를 써보세요. 서너 줄도 좋습니다. 자신만의 이야기를 쓰고, 한두 달 뒤 그 이야기를 다시 꺼내어 읽어보세요. 이 방법만으로도 스스로의 마음을 좀 더 깊게 들여다보고, 그 안에 남겨진 상처를 치유하는데 적잖은 도움이 됩니다. 글 쓰는 것을 업으로 하는 작가들이 이런 말을 많이 합니다. 글을 쓴다는 것은 스스로를 치유하는 과정이라고.

삶의 의욕을 만드는 방법

이 부분의 ③, ④번은 공부에 대한 의욕부분의 내용과 같습니다. 여기서는 ①, ②번만 다시 살펴보겠습니다.

① 한계를 느끼게 하는 매듭과 마주하세요.

아버지와 극심한 갈등상태인 A군이 있었습니다. 아버지와의 갈등으로 집에 들어가기를 싫어하고, 경제적인 지원도 제대로 받지 못하는 상황이었습니다.

우리가 과거에 보냈던 시간이 현재의 삶에 도움이 되기만 하는 것은 아닙니다. 때로는 과거의 시간이 그물처럼 얽혀서 현재의 나를 옭아매기도 합니다. 단순히 보면 둘 중 하나의 방법을 택해야 합니다. 그 매듭을 차분히 풀어내던가, 아니면 그 매듭에서 조금 멀어지는 것입니다. 여러분이 가진 매듭이 무엇인지 내가 알지 못하고, 안다고 해도 함부로 속단할 수는 없습니다. 그래도 일단은 매듭을 풀어보는 시도를 해보면 좋겠습니다. 그 시도가 너무 어렵다 해도, 지금당장 매듭을 영원히 끊어버리기보다는 한두 발 떨어진 곳에서 다음 기회를 기다리면 좋겠습니다.

A군 이야기를 다시 해보겠습니다. A군은 스스로 아르바이트를 하며 생활비를 마련하고 있었습니다. 아버지 몰래 집을 나와 학교 근처에 작은 방을 하나 얻어, 완전히 독립을 하려고 계획 중이었습니다. 아버지와 가족의 연을 완전히 끊고자 했습니다. A군과 아버지 사이에 어떤 일로 그런 갈등이 빚어졌는지는 설명하지 않겠습니다. 내가 해준 조언은 이렇습니다. 아버지와의 연을 끊는 것, 매듭을 끊는 것보다는 잠시 몇 발자국 떨어져보라고 했습니다. 아무리 생각해도 아버지와 한 집에서 못 살겠다면, 아버지께서 온전히 수긍을 안 하실지라도, 이런저런 핑계로 학교 근처에서 자취를 하겠다는 의사를 밝힌 후 나와서 살아보라고 했습니다. 지금 매듭을 못 풀겠으면, 끊어버리기보다는 잠시 멀어져보는 겁니다. 세월이 지나며 그 매듭의 원인이었던 상황이 바뀔 수 있고, 성장한 미래의 내게 그 매듭을 풀 힘과 마음의 여유가 생길 수도 있기 때문입니다. 몇 년 뒤 A군이 지금보다 더 성장하고, 아버지께서 마음을 좀 더 누그

러트린다면, 그 때쯤 매듭이 풀릴지도 모릅니다.

② 당신만의 아름다운 목표 또는 단기적 목표를 만드세요.

유명한 사람들의 목표는 대부분 너무 거창합니다. 그들의 목표에 기죽을 필요 없습니다. 30년 후를 바라보는 목표, 세상을 뒤집을 정도의 목표만이 아름다운 게 아닙니다. 당신의 목표를 그들의 목표에 맞추지 마세요. 당신만의 따뜻하고 아름다운 목표를 만드세요. '전공 공부를 시작해보니, 내 적성과 안 맞는 것 같아요.'를 참고해보세요. 목표가 흐릿하나마 보이고, 그 목표에 마음이 움직인다면 다행입니다.

그렇지 않다면, 단기적 목표를 세워보세요. 한 달, 한 주, 하루를 놓고 목표를 세우고, 일단은 장기적 목표를 잠시 잊어도 좋습니다. 단기적 목표 중 달성하는 것도 있고, 실패하는 것도 있을 겁니다. 단기적 목표의 달성이 쌓이다보면 어느 순간에 보이지 않았던 장기적 목표가 조금씩 보이게 됩니다.

여전히 보이지 않는 의욕

앞서 얘기한 모든 방법이 신통치 않은 경우, 내가 권하는 것은 의학적 도움받기입니다. '정신병원에 가라고요?'라고 되물을 수 있겠지요. 몸의 병만 병원에서 고친다는 생각을 버리세요. 상담, 인지행동치료 등 비약물적 치료도 많고, 약물을 먹는 게 부끄러운 일도 아닙니다.

삶에 대한 아무런 의욕이 없는 학생을 상담한 적이 있습니다. 내가 상담한 학생 중 가장 심각한 케이스였고, 극단적 선택을 하는 것은 아닌지 걱정될 정도였습니다. 앞서 얘기한 어느 방법(①, ②, ③, ④번)으로도 그 학생의 마음을 움직이지 못했습니다. 내가 정신의학을 전공한 것은 아니지만, 정신과 치료가 필요하다고 판단하였습니다. 정신과 상담권유를 받아들인 학생은 병원에서 우울증 진단을 받았습니다. 병원치료를 일정기간 받은 뒤 학생의 표정이 많이 밝게 보였습니다. 그 후 ①, ②, ③, ④번을 다시 조금씩 다져갔습니다.

23. 휴학하고, 1년 정도 시간을 가져보려고요.

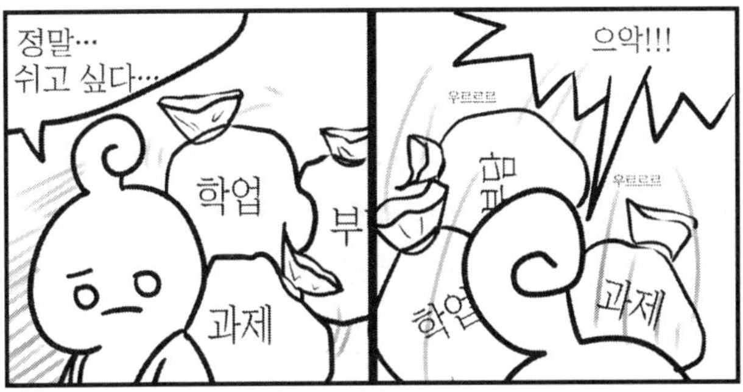

휴학하려는 이유가 뭔가요?

이렇게 물어보면 대부분 학생들은 머뭇댑니다. 처음부터 '저 휴학하고 OOO하려고요.'라는 식이 아니라, '휴학하고, 1년 정도 시간을 가져보려고요.'라고 말하는 학생의 경우, 휴학 후의 계획이 매우 흐릿합니다.

얘기를 나눠보면, 휴학하고 뭘 하겠다는 접근보다는 내년에 4학년이 되는 게 두려워서 휴학을 하려고 합니다. 1, 2학년 때 딱히 알찬 시간을 보내지 못했고, 4학년을 어떻게 보낼지 모르겠어서, PAUSE(일시멈춤)버

튼을 누르는 겁니다.

1년 동안 뭘 하게요?

이와 같은 상황에서 휴학을 한 학생은 주로 1년을 방황하며 보냅니다. 1년 뒤에 복학하면, 오히려 1년 전보다 더 혼란스러운 마음일 때가 많습니다.

휴학을 결정했다면, 1, 2학년 때 못해본 경험, 부족한 부분을 채워보기 바랍니다. 전공공부, 어학, 동아리 활동, 대외 활동 등, 무엇이나 다 좋습니다. 1년 후 복학할 때, '나는 스스로에게 부끄럽거나 아쉬움이 많지 않은 마음으로 4학년을 맞이할 준비가 되었다.'라고 스스로에게 말할 수 있으면 됩니다. 휴학 전 구체적인 To Do 목록을 작성하기 바랍니다. OOO자격증 취득, 어학 성적 OO점 향상, OOO 활동 해보기, 이런 식으로요. To Do 목록에 대한 간략한 일정계획도 함께 만들고요.

또한, 스스로의 지난 생활, 삶을 돌아보는 시간을 많이 갖기 바랍니다. 자기 전에 가끔 생각한다고요? 그보다 좀 더 깊이 있고, 집중된 방법을 택하기 바랍니다. 친구와 단둘이 또는 혼자서 먼 곳으로 여행을 가던가, 템플스테이를 하던가, 매일매일 일기를 쓰던가, 도서관에 틀어박혀 백 권 이상의 책을 보던가, 살면서 당연시 생각해왔던 자기 자신이라는 존재를 여러분 스스로 찬찬히 살펴보기 바랍니다.

혹시 내가 얘기한 이런 목적들에 대해 아무런 감흥이 안 온다면 휴학을 보류하기 바랍니다. 목적 없는 휴학은 복학 후에 여러분에게 휴학 전보다 더 큰 공허함과 불안감을 주기 때문입니다.

S양의 묻지마 휴학

S양의 대학 1, 2학년은 정말 평범했습니다. 학점은 B학점이 조금 넘었고, 자격증이나 어학공부를 해야겠다는 마음은 있었으나 제대로 시작하지는 못했습니다. 학과행사에 꾸준히 참석해서 교우들과 관계는 원만했습니다. 전국규모 공모전에 1회 도전했으나 결과는 좋지 않았고, 그 외 봉사, 체험활동 등의 대외활동은 없었습니다. S양은 3학년 1학기를 마치고 휴학을 했습니다. 휴학 후 계획을 물었는데, 계속 우물거리기만 했습니다. 휴학을 좀 말려봤으나, 어느 날 휴학을 했더군요.

1년이 지나고 복학한 S양을 만났습니다. S양은 휴학기간 동안 선배들이 많이 땄던 자격증 하나를 취득했습니다. 그 외에 어학공부도 좀 해보려 했으나, 성적에는 거의 변화가 없었습니다. 아르바이트를 많이 했더군요. 부모님 용돈도 드리고, 갖고 싶은 물건도 좀 샀습니다. 여행은 친구들과 가까운 곳을 1박으로 몇 번 다녀왔고요. 그 외에 특별한 이야기는 없었습니다.

1년의 휴학 기간이 S양에게 남겨준 게 무엇인가 생각해봤습니다. 인생에서 1년 정도 이렇게 좀 여유롭게 보내는 게 죄는 아니지만, 그래도 아쉬운 마음이 많이 들었습니다. 복학 후 3학년 2학기가 쏜살같이 지나간 뒤, 4학년이 되는 S양의 마음이 너무 무거워보였습니다. 한 번 더 휴학을 하고 뭔가 준비할 수도 있으나, 첫 번째 휴학 경험이 스스로에 대한 S양의 믿음을 더 약하게 만든 것으로 보였습니다.

24. 교환학생으로 외국에 다녀오면 어떨까요?

교환학생 프로그램은 뭔가요?

본인이 다니는 대학과 협약이 체결된 외국의 대학에서 한두 학기 수업을 들을 수 있는 제도입니다. 외국에서 이수한 학점은 국내에서 대부분 인정이 되고요. 학업을 쉬지 않으면서, 외국생활과 어학 공부를 함께 할 수 있는 1석3조의 제도입니다. 등록금은 본인이 소속된 국내 대학에 내고, 상대방 대학에는 등록금을 별도로 내지 않습니다. 다만 외국 체류를 위해 발생하는 항공권, 기숙사, 생활비 등은 본인이 부담해야 하는 경우가 대부분입니다. 국내에서 대학을 다녀도 개인 생활비는 발생하므로, 실제로는 항공권 정도의 비용만 더 들여서 앞서 얘기한 1석3조의 기회를 얻는 셈입니다. 2~4학년 사이에 다녀오는 경우가 많고요.

교환학생은 어떻게 뽑나요?

학교마다 차이가 있으나 일반적으로는 학점, 어학성적, 면접으로 선발합니다. 대부분의 경우 경쟁률이 꽤 높으므로, 관심이 있으면 여러분 학교의 선발제도를 미리 확인해서 준비해야 합니다. 학교에 따라 영어 작문, 영어 면접을 보기도 합니다. 교환학생으로 해외에 나가게 되면 한국과 여러분이 소속된 대학을 대표하는 이미지를 갖게 되므로, 선발 시 '이 학생이 우리 학교의 이미지를 실추시키지 않고, 성실히 공부를 끝내고 올까?'에 대해 여러분을 평가합니다. 추가로 외국대학에서 여러분에 대한 추천서를 한두 개 요구하는 경우도 있습니다. 이 경우 여러분의 한국 내 소속 학과 교수님에게 추천서 작성을 부탁드리면 됩니다. 추천서는 영문으로 작성하고, 봉투에 밀봉해서 제출하거나, 교수님이 직접 상대방 대학 홈페이지에 입력하는 방식 등이 있습니다. 추천서를 부탁한다고 해서 교수님이 반드시 작성해주리란 보장은 없습니다. 여러분을 추천하고 싶은 마음이 없을 수도 있고, 추천서 작성이 꽤 번거로운 작업이기도 해서입니다. 정중히 부탁드리고, 거절하시면 다른 분에게 부탁해야죠.

교환학생 vs. 어학연수

어학연수에 대해서는 '어학연수를 1년 정도 다녀오면 도움이 많이 될까요?'를 먼저 참고하세요. 어학연수에 비해 교환학생이 가지는 장점은 이렇습니다. 첫째, 학업을 중단하지 않습니다. 둘째, 최소의 비용으로 외국생활, 어학 공부를 함께 해결하게 됩니다. 셋째, 단기간이지만 외국대학에서 공부했다는 경력을 쌓습니다. 넷째, 어학연수의 경우 본인 스스로의 계획이 확실하지 않으면 현지에서 어영부영 시간을 보낼 수 있으나, 교환학생의 경우 기본적으로 현지 대학에서 생활을 하게 되므로 이런 부분의 위험은 적습니다.

반면에 어학연수와 비교하여 단점도 있습니다. 첫째, 외국대학의 수업은 당연히 해당국가의 언어로 진행이 됩니다. 따라서 어학실력이 일정수준 받쳐주지 않는다면 수업을 제대로 이수하기 어렵습니다. 이 경우 귀국 후 전공공부에 지장을 받을 수 있습니다. 둘째, 현지에서 학업을 지속해야 하고, 그것도 외국어로 어렵게 수업을 듣게 되므로, 학교 외부에서의 활동시간이 어학연수에 비해 상대적으로 적을 수밖에 없습니다.

장단점을 모두 열거했지만, 나는 여러분에게 가능하다면 교환학생을 다녀오라고 강하게 권하고 싶습니다. 어학연수의 기회는 교환학생 전, 후에 추가로 마련해도 되고요. 다만, 앞서 얘기했듯이 미리미리 알아봐서 꼼꼼히 준비해야 그 기회를 얻을 수 있습니다.

25. 학교 그만두고 창업, 장사해보면 어떨까요?

무슨 일을, 왜 해보려고 하나요?

크게 두 경우가 보였습니다. 흔히 말하는 작은 가게를 열어서 뭔가를 판매해 보려는 경우가 있습니다. 가게를 기반으로 소매나 도매를 해보려는 경우입니다. 다음으로는 사무실을 열어서 제품이나 서비스를 만들어보려는 경우입니다. 전자의 경우가 유통에 해당된다면, 후자의 경우는 개발 및 생산에 해당됩니다. 어느 쪽이 더 좋거나 나쁘지는 않습니다.

어떤 결과를 기대하나요?

적지 않은 돈을 벌어보고 싶다. 내 아이디어가 먹히는지 실제 도전해보고 싶다. 학교생활, 전공공부에서 좀 벗어나서 해보고 싶었던 일에 뛰어들고 싶다. 보통 이 정도 이유로 창업, 장사를 해보려고 합니다. 기대하는 결과도 그 이유에 해당하는 결과일 겁니다. 돈을 벌고, 아이디어를 실현시키고, 해보고 싶은 일을 하는 것이죠. 참 멋진 일입니다. 내가 해보고 싶은 일을, 내 아이디어로 실현시켜, 돈을 번다는 것.

여러분이 대규모 자본으로 처음부터 기업을 일으키지는 않을 테니, 보통은 소자본 창업을 할 겁니다. 소자본 창업에 대해 분야별로 차이가 있으나, 평균적인 성공률은 10%가 안 넘습니다. 그 만큼 쉽지 않은 일입니다. 특히, 여러분처럼 투자할 수 있는 자원이 매우 적고, 아직 경험이 부족한 경우에는 더욱 그렇습니다. 여러분이 가진 장점도 있습니다. 강철 체력, 젊은 감각, 도전 정신 등입니다.

어떻게 시작하면 될까요?

창업하지 말라는 결론을 내려는 것은 아닙니다. 필자도 젊은 시절 몇 번의 창업을 해봤습니다. 다만, 여러분에게 당부하고 싶은 다섯 가지 원칙이 있습니다.

첫째, 첫 걸음에 실패해도 너무 좌절하지 말라는 것, 그리고 너무 단기간에 큰 결과를 기대하지 말라는 것입니다. 창업을 하기로 결심했으면 몇 번의 실패는 겪으리란 걸 미리 각오하기 바랍니다.

둘째, 사업계획을 구체화하고 문서로 만들기 바랍니다. 사업을 하겠다고 찾아오는 학생들이 있습니다. 사업계획을 설명해보라고 하면 종이

위에 펜으로 설명을 합니다. 그러다가 몇 마디 못가서 말이 막혀버립니다. 계획이 구체화되지 않았거나, 문서로 정리하지 않아서 자꾸 꼬이게 되는 겁니다. 여러 명의 사람에게 보여주고, 의견을 듣고, 그 계획을 단단하게 하기 위해 문서화 하세요.

셋째, 100명의 사람에게 의견을 물어보기 바랍니다. '100명? 어떻게 그렇게 많은 사람을'이라고 생각하나요? 100명에게 묻는 것조차 버거워하면서 어떻게 멋진 사업을 꿈꾸고, 그 앞에 펼쳐진 위험을 헤쳐 나가려고 하나요?

넷째, 동지를 찾으세요. 함께 창업하고 일할 사람을 찾아야 하고, 사업과정에 대한 조언을 해줄 멘토를 찾아야 합니다. 공동 창업자와 창업 시 필요한 노력을 나누고, 서로의 전문성에 의지하고, 경영과정에서 생기는 다양한 어려움에 함께 대처할 수 있습니다. 멘토는 망망대해 위에 떠있는 여러분의 돛단배에 등대가 되어줄 겁니다.

다섯째, 세상에 공짜는 없습니다. 다른 이들에게 무료로 제품이나 서비스를 제공하고자 창업하는 경우는 아니죠? 이런 경우도 있기는 합니다. 공익적인 목적의 사회적 기업이 이에 해당되지만, 여기서는 논외로 합니다. 여러분이 다른 이에게 돈을 받고, 제품이나 서비스를 판매하고자 한다면, 여러분에게 도움을 주는 사람들에게도 합당한 보상이 제공되어야 함을 명심해야 합니다. 장대비를 쫄딱 맞으며 몇 시간을 기다려서, 고수의 비법을 공짜로 전수받는 상황은 드라마 속 이야기일 뿐입니다. 현실에서 그런 상황은 거의 없습니다. 또한 있다고 해도 그런 관계가 오래 지속되거나 반복될 수는 없습니다.

L군의 꿈

L군은 발군의 실력을 가진 프로그래머였습니다. 졸업 전이었지만, 학교에 다니면서도 프로그래밍 아르바이트로 학비와 용돈을 조달하고 있었습니다. L군이 어느 날 창업을 하고 싶다고 찾아왔습니다. 소프트웨어에 대한 개발계획을 평가, 자문해주는 회사를 만들려고 했습니다. 예를 들어 A회사에서 B라는 소프트웨어를 개발하고자 한다면, B에 대한 개발계획을 보고, 이런 점은 좋고, 이런 점은 문제가 있고, 평가해주는 회사입니다.

L군이 제시한 사업을 하는 회사가 당시에는 거의 없었습니다. 참신한 접근이기는 했습니다. 그러나 개발되기 전의 제품에 대해 평가하는 작업은 통상적으로 고도의 노하우, 전문가적 식견이 요구되는데, L군이 발군의 실력을 가진 프로그래머이지만, 아직은 그 정도 레벨은 아니라는 생각이 들었습니다. 고객들이 20대 중반의 L군에게 그런 일을 맡길지가 의문이었고요. 이에 대해 의문을 나타냈으나, L군은 기존에 일을 맡겨줬던 고객들 대상으로 열심히 홍보하면 될 거라고 했습니다. 사람들에게 그러한 서비스를 구매할 의향이 있는지 구체적인 조사를 하지는 않은 상태였습니다.

L군은 파워포인트로 제작한 10페이지 정도의 사업계획서, 3명의 공동창업자를 준비하여, 제게 2천만원을 투자해달라고 했습니다. 적은 돈도 아닌데다가, L군의 사업계획에 신뢰가 가지 않아 투자를 하지는 않았습니다. L군은 결국 다른 이들에게 투자를 받지는 못하고, 학교 근처 작은 오피스텔에 사무실을 열었습니다. L군과 공동 창업자들은 프로그래밍 아르바이트를 하면서 운영경비를 조달했습니다. 6개월 정도를 그렇게 지냈습니다. 그 기간 동안 두 번의 서비스를 제공했으나, 모두 기존에 알

던 회사에 무료로 시험 삼아 서비스를 제공한 경우였습니다. L군의 회사는 그렇게 6개월 후에 문을 닫았습니다.

L군이 멍청한 짓을 했다고 여기지는 않으나, 사업계획이 구체적이지 않았다는 점, 가장 중요한 고객에 대한 사전 분석이 없었다는 점, 여러 사람의 의견을 구하지 않고 공동 창업자 몇 명의 의기투합만으로 사업을 시작했다는 점 등은 아쉬운 부분입니다.

26. 부모님께서 원하시는 진로가 제 생각과 달라요.

부모님께서 원하시는 진로

부모님께서 바라시는 진로는 전통적으로 안정적이고, 무난한 진로에 해당됩니다. 공무원, 공공기업 직원, 대기업 직원 등을 보통 선호하십니다. 유명하지 않은 벤처기업에서 사회생활을 시작하거나, 여러분 스스로 회사를 만드는 것, 프리랜서형태의 근무 패턴, 뭐라도 해보겠다고 무작정 해외로 따나는 것 등에 대해서는 부정적인 시각이 많습니다. 이유는 단순합니다. 내 자식이 큰 고생 없이 평탄하고, 안정적으로 살기를 바라는 마음이십니다. 부모님의 당연하고, 애정 어린 바람을 무시하지는 말기 바랍니다.

갈등의 시작

여러분의 꿈이 부모님의 바람과 같다면, 그대로 가보기 바랍니다. 그렇지 않을 경우, 여러분의 꿈은 뭔가요? 해야 하는 것, 잘하는 것, 하고 싶은 것, 이 세 가지 요소가 우리의 진로를 결정합니다. 부모님께서는 자식이 편안한 삶을 살 수 있는 진로를 택하기를 바라십니다. 그것이 여러분이 잘하는 것, 하고 싶은 것과 다를 수 있습니다. 노력을 통해 잘하는 것을 해야 하는 것에 맞추고, 하고 싶은 것은 좀 접어두기를 바라십니다. 그러나 이 두 가지 모두 여러분이 쉽게 받아들일 수 없을 때, 꿈에 대한 갈등이 생깁니다.

네 가지 결과

부모님의 바람과 여러분의 꿈, 그 거리가 좁혀지지 않는 상황에서 네 가지 결과가 생길 수 있습니다.

① 부모님의 뜻을 따르고, 성공적인 결과
② 부모님의 뜻을 따랐으나, 망하는 결과
③ 여러분의 꿈을 선택하고, 성공하는 결과
④ 여러분의 꿈을 선택했으나, 망하는 결과

위의 네 가지 중에서 최악의 시나리오는 ②번입니다. 최고는 ③번이고요. ①, ④번 중에는 어느 쪽이 더 좋을까요? 그래도 ①번이 더 좋겠지요? 그러나 이 경우 여러분 꿈을 포기했다는 아쉬움, 후회가 아주 오래 여러분을 괴롭힐 겁니다. 나는 결국 ①번이 되더라도, 그전에 여러분이 ④번을 가본 후에, 미련 없이 ①번으로 가는 것이 그나마 더 좋다고 생각합니다. 지나간 실패의 경험보다, 가보고 싶었던 길에 대한 갈망이 인간을 더욱 힘들게 하기 때문입니다. 실패의 경험, 아픈 상처는 시간이 지나면서 아물고 희미해집니다. 그러나 시도조차 못해본 갈망은 나이가 들수록 더욱 강하게 마음속 한곳에 뿌리를 내리고 여러분을 괴롭힐 겁니다.

정말 내 뜻대로 해도 되나요?

내 결론은 결국 여러분의 뜻대로 해보라는 겁니다. 여러분이 사회로 진출하는 시기는 20대 중후반입니다. 스스로의 인생, 그 앞길에 실패, 고난, 성공, 행복, 그 무엇이 있건 스스로 선택하고, 헤쳐 나아가야 할 나이입니다. 그게 여러분의 인생입니다. 실패, 고난으로 점철된 삶을 살라는 게 아닙니다. 다만, 그런 부분도 경험하고 이겨내면서 성공을 맛보고, 행복한 삶을 스스로 만들어야죠.

여행을 함께 간다면 부모님께서 가보고 싶은 곳으로 가세요. 식사를 한다면 부모님께서 드시고 싶은 음식을 선택하세요. 영화관을 간다면 부모님께서 보고 싶어 하시는 영화를 함께 보세요. 그러나 여러분의 삶은 여러분이 선택하길 바랍니다. 스스로의 선택을 믿고, 그 믿음이 헛되지 않도록 열심히 뛰어보세요.

27. 이제라도 휴학하고, 공무원시험 준비하면 어떨까요?

여러분에게 공무원이란

이 질문을 가지고 나를 찾은 학생 중에 공직에 대한 사명감으로 공직을 원하는 학생은 매우 드물었습니다. 대부분의 경우는 부모님, 본인 모두 공무원 직업의 안정성을 원했습니다. 안정성을 바라보고 직업을 선택하는 것을 비난하고 싶지는 않습니다. 다만, 그 안정성이 여러분을 진정으로 행복하게 해줄지는 아무도 모릅니다.

공무원시험 준비 전에 생각해보세요.

공무원의 길을 본인과 부모님의 합의하에 정했는데, 나를 찾아서는 무엇을 상담했을까요? 좁은 문, 어려운 준비기간, 실패에 대한 두려움 등 공무원이 되기 전 과정에 대한 고민이 주류였습니다. 시험에 합격하고, 공무원이 된 후에 대해 미리 고민하는 학생은 거의 없었습니다. 몇 가지 다시 생각해보기 바랍니다. 첫째와 둘째는 공무원이 되기 전 과정에 대한 이야기이고, 셋째는 공무원이 된 후에 대한 이야기 입니다.

첫째, 경쟁률이 매우 높다는 점은 잘 알고 있지요? 시간과 노력을 많이 투자해야 합니다. 한번 시작해서 그 끝이 좋지 않을 때, 많은 출혈이 생김을 명심해야 합니다. 공무원 준비에 소요되는 1, 2년 동안 여러분이 공부하는 내용은 사기업 취업, 창업, 대학원 진학 등을 위해 다른 학우들이 준비하는 내용과 매우 다릅니다. 즉, '그냥 한번 해볼까?'라는 가벼운 마음으로 시작하지 않기 바랍니다. 준비가 어려운 만큼, 혼자서 책만 보고 해보겠다는 접근은 피하기 바랍니다. 결국 경쟁률 높은 '시험'을 통과해야 하기 때문에, 최적화된 길을 안내해주는 전문 학원의 도움을 받기 바랍니다.

둘째, 플랜B(일이 그르칠 때를 대비한 다른 계획)도 미리 생각은 해야 합니다. 예를 들어 2년 내 합격을 목표로 준비할 계획인데, 2년 후에 여러분이 아무리 생각해도 합격을 못할 상황이 된다면, 어떤 대안을 택하겠습니까? 3학년인 지금 공무원 준비를 시작하고, 그 목표를 포기하는 상황이 온다면, 여러분은 다시 3학년 2학기 또는 4학년 1학기로 복학해서, 대학원, 취업 등의 진로를 탐색할 수 있을 겁니다. 배수의 진을 치고 시작하지는 마세요. 꼭 해보겠다는 의지가 있다면 가급적 3학년을 마치기 전에 시작하기 바랍니다. 4학년 1학기나 2학기를 마치고, 공무원 시험에 도전했다가 결과가 안 좋은 경우, 남은 대학생활 기간이 너무 짧아져서 다른 진로 탐색에 더 큰 어려움이 생깁니다.

셋째, 공무원으로 사회생활을 시작하면, 다른 진로로 중간에 전환하는 경우가 매우 드뭅니다. 창업을 하거나, 사기업으로 옮기는 경우가 드물다는 점입니다. 그렇게 변하지 않고 쭉 갈 수 있어서 공무원을 선택한다고 생각하겠으나, 그렇게 변하지 않고 쭉 가야되는 길이 정말 본인이 원하는 길인지 한 번 더 생각해보세요.

4학년

절벽 아래를 바라보고 있는 반쪽 어른에게

어느덧 4학년입니다. 적게는 두 살, 많게는 다섯 살 정도 차이나는 1, 2학년들은 때로는 여러분을 집안 어른 대하듯이 보기도 합니다. 그들 앞에서 약해질 수는 없습니다.

4학년이 되어서, 체중 변화가 심하게 오는 학생들이 있습니다. 스트레스로 체중이 줄기도 하고, 앉아서 공부만 하고 간식으로 스트레스를 풀면서 체중이 늘기도 합니다.

4학년 학생들은 내게 가장 어려운 상담 상대입니다. 1학년들이 갖고 있는 수강신청, MT, 선후배 문제, 이런 고민들이 4학년들에게는 짜장면, 짬뽕을 선택하는 문제 정도로 보입니다. 4학년들에게 이런 말을 자주 합니다. '그런 고민은 나도 항상 하고 있단다. 그런 고민은 평생 풀어야 할 숙제 아닐까?'그런 고민을 풀어나가면서 우리는 반쪽이 아닌 진짜 어른이 되어 갑니다. 아직은 반쪽인 여러분에게 어려운 이야기를 풀어보겠습니다.

28. 저 성형하면 어떨까요?

아름다움의 가치

미술품, 예쁜 옷, 멋진 스포츠카, 이런 것들을 우리가 좋아하는 이유는 아름답기 때문입니다. 특히, 겉으로 드러나는 강렬한 아름다움 때문입니다. 외적인 아름다움을 좋아하는 건 자연스러운 현상입니다. 어느 사회건 추한 겉모습을 좋아하는 경우는 없습니다. 따라서 외적인 아름다움을 추구하는 것은 전혀 부끄러운 게 아닙니다. 성형수술이 필요한 상황이면 하면 됩니다. 그러나 결정전에 다음 이야기도 읽어보고 참고해주세요.

도피처는 아닌가요?

전공 실력 좋고, 어학 잘 하고, 상식 풍부하고, 리더십 훌륭하고, 도전정신 뛰어나고, 책임감과 인내력 충분하고, 게다가 자상하고 배려심도 있고, 이런 인재 어떤가요? 매력적이지 않나요? 여기에 더해서 첫눈에 호감이 갈 정도의 아름다운 외모를 갖추고 있다면, 직원이나 함께 일하고 싶은 사람을 넘어서, 사귀어보고 싶은 사람일 겁니다. 그런데 여러분 주변에 이 조건들을 모두 갖춘 사람이 혹시 있나요? 이중의 일부만 갖추어도 어디서건 환영받는 사람일 겁니다.

예쁜 겉모습을 만드는 게 참으로 쉬운 세상입니다. 예전과 비교해보면 시간 투자도 적고, 비용도 적은 편입니다. 토익성적 500점을 900점으로 만들기보다, 아주 평범한 얼굴을 꽤 예쁜 얼굴로 만드는데 소요되는 총 투자의 합이 더 적은 듯도 여겨집니다.

여러분이 좋은 사람, 좋은 사회인이 되기 위해 갖추어야할 여러 가지 요소 중에서 외모가 아닌 다른 요소들이 어떠한지 생각해봅시다. 외모를 제외하고는 남들에게 부끄러운 부분이 거의 없나요? YES라고 작게라도 대답할 수 있다면, 외모에 손대어도 좋습니다. 또는 여러분의 외모가 누가 봐도 꽤 문제가 있다면 당장 손대어도 좋습니다.

평균적인 외모는 되는데, 외모이외에 다른 부분에서 문제가 많다면, 나는 외모에 손대기 전에 다른 부분을 먼저 챙겼으면 합니다. 이런 상황에서 외모에 먼저 손을 대버리면, 여러분은 스스로 노력하고, 도전하는 일은 뒷전으로 감춰버리고, 외모에만 집착하게 됩니다. '그래 외모를 좀 더 손대면 잘 풀릴지 몰라.'라는 식으로, 자기 자신의 더 큰 문제점들을 덮어둔 채 거울만 보게 될까 염려됩니다.

의학적 치료만이 외모를 바꾸지는 않습니다.

남학생들도 면접에서 몇 차례 떨어지면 성형을 생각하는 경우가 꽤 됩니다. 성실하고, 선하고, 스마트한 이미지를 원합니다. 면접에서 본인의 외적인 모습이 좋은 평가를 받지 못했다고 생각하면, 성형이전에 이런 부분들을 먼저 체크해보기 바랍니다.

- **헤어스타일:** 연예인 스타일을 어설프게 따라 하기보다는 거리의 젊은 직장인들에게서 많이 보이는 스타일이 더 좋습니다. 영화배우 오디션을 보는 게 아니라 회사 직원 면접임을 상기하면 됩니다. 남학생들의 경우 덥수룩한 머리는 자칫 지저분하고, 답답한 인상을 줄 수 있습니다.
- **안경:** 두껍고 커다란 뿔테 안경은 제발 피해주세요. 귀여워 보일지는 몰라도 스마트한 이미지와는 거리가 멉니다.
- **장신구 & 소품:** 장신구와 소품은 면접관 입장에서 거의 인지가 안 되는 수준이어야 합니다. 너무 없어서 밋밋하게 느껴진다 해도 작고 수수한 아이템으로 최소한만 사용해야 합니다. 면접관이 여러분이 아닌 여러분의 장신구, 소품에 집중해서 좋을 게 없습니다.
- **복장:** 면접을 보고 여러분을 평가하는 분들은 적어도 여러분 보다 10년 이상 연장자인 경우가 대부분입니다. 면접 시 복장은 조금은 보수적, 전통적인 스타일을 선택하기 바랍니다. 그렇다고 부모님세대 옷을 입으라는 게 아니라, 최근 스타일의 옷 중에서 최대한 점잖고, 차분한 느낌을 선택하라는 겁니다.
- **표정:** 본인이 말하는 표정을 동영상으로 촬영해서 보기 바랍니다. 본인이 의도한대로 진지함, 미소, 차분한 마음이 잘 표현되는지 말

입니다. 문자소통에 익숙한 요즘 세대는 표정에서 감정이 점점 더 희미해지고 있습니다.

29. 대학원 진학, 취업, 무엇을 하면 좋을까요?

대학원 진학 vs. 취업, 그리고 어떤 분야로……

4학년의 대표적 상담 주제입니다. 크게 세 케이스로 나뉩니다.

① 공부하는 걸 좋아하고, 연구 직종에 관심이 많은 학생

② 하고 싶은 일이 정확하고, 사회로 빨리 나가고 싶은 학생

③ 졸업은 1년 뒤인데, 정확하게 하고 싶은 일이 없는 학생

케이스 ①을 위한 조언

공부를 좋아하고, 연구직을 원한다면 대학원을 가면 됩니다. 물론 대학원을 간다고 해서 꼭 연구직에만 종사하지는 않습니다. 사회로의 첫발을 좀 더 유리하게 내딛기 위해 대학원을 가기도 합니다. 이 경우는 케이스 ②를 위한 조언의 말미를 참고하기 바랍니다.

본인이 소속된 학교 내에서 대학원을 꼭 갈 필요는 없습니다. 여러분이 다니던 고등학교 옆에 있는 대학을 온 게 아니었듯이, 여러분에게 맞는 대학원을 신중히 선택해야 합니다. 대학원 진학을 결정한 이후에 생기는 고민은 '대학원은 어떻게 알아보고, 어떻게 지원하면 되나요?', '경제적으로 어려운데, 대학원 진학할 수 있나요?'를 참고하세요.

케이스 ②를 위한 조언

당장 취업하면 됩니다. 하고 싶은 분야가 구체화된 학생이므로, 취업공고의 모집 분야를 보고 지원해보기 바랍니다. 여러 번 지원하고, 실패할 것을 각오해야 합니다. 그렇다고 해서 성의 없이 여러 번 지원하는 것은 아무런 의미가 없습니다. 원서접수 한두 시간 남겨놓고 자기소개서를 쓰고 있는 학생이 있습니다. 나는 그냥 다른 기업을 찾으라고 합니다. 그렇게 무성의한 지원은 100번을 해도 소용이 없습니다. 하루 소풍갈 곳을 찾을 때도 몇 시간은 인터넷을 뒤지지 않나요? 최소한 몇 년간은 일할 직장입니다. 해당 기업의 특성, 그 기업에서 원하는 인재상, 내가 가진 경력, 나를 어필할 수 있는 방법들을 오래 찾고, 정리하는 시간과 노력이 필요합니다.

스펙과 스토리에 대한 혼란이 온다면, '선배들이 스펙을 강조하는데,

뭘 하면 좋을까요?'를 읽어보세요. 대기업을 꼭 가야겠다는 집착이 생긴다면, '중소기업에 취업해도 될까요?'를 읽어보세요.

하고 싶은 것은 명확한데, 아무리 지원해도 현재의 스펙과 스토리로 기회를 잡을 수 없다면, 대학원을 하나의 대안으로 다시 생각해보세요. 학부를 졸업하는 시점에서 다른 학부를 또 다시 다니기에는 현실적으로 어려운 면이 많습니다. 학부과정에서 부족했던 본인의 실력을 메꾸기 위해 대학원에서 한 번 더 노력하는 시간을 가져도 좋습니다.

케이스 ③을 위한 조언

대학 4년이 다 지나가지만, 내 전공이 나와 정말 안 맞고, 아무리 생각해도 전공이 너무 싫다면, 과감히 다른 길을 찾아야 합니다. 지난 4년의 시간이 아깝겠지만, 앞으로 사회에서 보낼 40년의 시간을 후회하며 지내지 않기 위함입니다.

위와 같지는 않고, 일단 전공분야와 관련된 일을 해보고는 싶은데, 구체적으로 어떤 일을 할지 모르는 경우, 다수의 학생들이 여기에 해당됩니다. 취업공고에 표시된 모집 전공분야가 여러분 전공과 일치하고, 그 회사가 여러분이 정말로 일하기 싫은 회사만 아니라면, 일단 지원해서 일자리를 찾아보기 바랍니다.

여러분이 산 중턱에 서있다고 생각합시다. 올라가는 길이 여섯 갈래, 내려가는 길이 다섯 갈래입니다. 열한 개의 길 중에 어느 길을 고를지 전혀 모르겠다면, 올라갈지 내려갈지만 고르고 움직여야 합니다. 제 자리에 멍하니 계속 머무를 수는 없습니다. 내려가는 방향을 원한다면, 다섯 갈래 길 중에서 아무 길이라도 골라서 일단 발걸음을 떼어야 합니다. 그렇게 길을 떠나면 길을 가고 있는 다른 사람들을 길 위에서 만나게 될 겁니다. 그 사람들에게 중간에 다시 물어보고 생각하면 됩니다. 내가 가는 이 길이 내게 맞는 길인지, 그 때 아니다싶으면 옆길 또 다른 옆길, 이렇게 바꾸면서 내게 맞는 길을 찾으면 됩니다.

요컨대, 정확하게 하고 싶은 일이 없어서 고민이라면, 일단 사회로 뛰어들기 바랍니다. 그 속에서 헤엄치다보면 자신이 좋아하는 것을 더 빨리 찾고, 더 가깝게 다가갈 수 있습니다.

30. 중소기업에 취업해도 될까요?

대기업 vs. 중소기업

졸업 후 취업을 희망하는 학생 중 열에 아홉은 대기업을 원합니다. 본인이 선택할 수 있음에도 불구하고 중소기업을 가겠다고 하는 경우는 극히 드뭅니다.

대기업에 입사하면 남들 보기에 번듯하고, 급여 높고, 기업이 안정적이고, 향후 다른 곳으로 옮기기에 좋다는 생각에 선호합니다. 반면에 업무 시스템이 중소기업보다 타이트한 편이고, 자율성이 낮은 편이며, 다양한 업무를 경험하기 어렵다는 단점이 있습니다. 중소기업의 장점, 단점은 이와 반대겠지요. 기업의 특성을 대기업과 중소기업이라는 규모만으로 판단하기는 어려우나, 일반적인 경우가 이렇다는 겁니다. 무조건 대기업이 다 좋고, 중소기업은 별로라는 생각은 잘못된 겁니다.

평생직장은 없다.

첫 직장이 평생직장이 되던 시대는 이미 끝났습니다. 우리나라 대기업 근로자의 평균 근속연수(회사를 옮기지 않고 근무하는 기간)는 10년 정도입니다. 인기가 많은 편인 증권, 유통업의 경우는 오히려 6년 정도로 더 짧았습니다. 대기업에 근무하는 사람들도 짧으면 6년, 평균 10년이면 자리를 떠나는 시대입니다.

보편적으로 대기업 입사가 중소기업에 비해 힘든 편입니다. 대기업을 꼭 가고 싶다고 해서, 대학 졸업 후 대기업만을 바라보고 2~3년 취업 재수를 하는 경우보다, 중소기업에서 2~3년 근무하다가 중견기업, 대기업으로 자리를 옮기는 게 더 용이하고, 현명한 방법입니다. 자존심이 상한다고요? '친구보다 연봉 낮은 회사에 가서 자존심이 상해요.'를 읽어 보세요.

평탄해 보이는 길 vs. 수풀이 우거진 길

처음으로 먼 길을 떠나기 위해 나섭니다. 앞에 놓인 길 중에서, 지금 보기에 가장 평탄한 길을 대부분의 사람들이 원합니다. 그 길을 가기 위해 많은 사람들이 바글거리며 몰려들 겁니다. 지난 4년을 성실히 살아왔다면, 여러분은 그 바글거리는 길 한쪽에 자신의 자리를 잡게 됩니다. 그렇지 않다거나, 여러분에게 지독하게 운이 안 따른다면, 지금 당장은 수풀이 좀 우거진 길을 가야만 합니다.

그 길도 길입니다. 내가 왜 수풀이 우거진 길을 가야 하는지, 사회, 부모님, 학교 선생님들을 원망하나요? 원망해도 좋으나, 바뀌는 건 아무것도 없습니다. 원망하는 마음을 비우고 그 길에만 집중하기 바랍니다. 수풀 우거진 길에 오히려 더 큰 기회와 가치가 있을 때도 많습니다. 그리고 수풀 우거진 그 길은 얼마 안 가서 평탄한 길과 만나게 됩니다.

세 번째 이직을 기대하는 H과장

H과장은 현재 학부생들이 선망하는 국내 굴지의 전자회사 인사팀 과장입니다. H과장의 첫 직장은 이름을 들어서는 아는 사람이 거의 없는 아주 작은 회사였습니다. 첫 회사에서 3년 간 성실히 일한 H과장은 중견기업의 경력직 공채에 지원해서, 처음으로 회사를 옮겼습니다. 학부 학점, 어학실력, 대외 활동, 이 모든 것에서 딱히 강점은 없었으나, 첫 직장에서 착실히 일한 경력이 크게 도움이 되었습니다. H과장은 두 번째 직장에서 5년을 일한 뒤에 현재 회사에 들어왔습니다. 헤드헌팅 사이트에 올려둔 자신의 경력을 보고, 헤드헌터가 먼저 연락이 왔었답니다.

지금 회사에서 5년째 일하고 있는 40대 초반의 H과장은 한 번 더 이직할 상황이 오리라 생각하고 있습니다. 이 회사가 첫 직장인, 10년 넘게 일해 온 비슷한 나이또래의 직원들 대부분도 부장, 이사, 이렇게 계속 위로 올라가기 어렵다고들 한답니다. 그래서 H과장의 다음 목표는 다시 중견기업으로 돌아가는 것입니다. 본인이 대기업에서 경험한 내용을 중견기업으로 다시 돌아가서 활용하려는 계획입니다. H과장의 이러한 계획은 헤드헌터들의 판단으로도 훌륭한 접근입니다. 대기업 경험만 있는 H

과장의 동료들에 비해, 다양한 기업들을 두루 경험한 H과장의 경력이 더 가치 있다는 의견입니다. 더 가치 있다는 것은 더 많은 기회가 열려있다는 의미입니다.

31. 직장에서 싫은 업무를 맡게 되었는데 어떻게 하죠?

회사 vs. 업무, 무엇이 우선인가?

선호하는 회사에서 선호하던 일을 맡으면 좋겠지요. 그런데 선호하는 회사에서 관심 없던 업무, 아니면 선호하지 않는 회사에서 해보고 싶었던 업무, 이 두 상황이면 무엇을 선택하고 싶습니까? 현실적으로 보면 여러분이 이 둘을 손위에 올려두고 고를 수 있는 상황은 별로 없습니다. 회사건 업무건 둘 중에 하나라도 여러분이 원하던 거라면 그걸로 아주 행복한 출발입니다.

행복한 출발이지만 그래도 고민이 된다면 이렇게 생각하세요. 처음에 들어간 직장, 처음에 맡았던 업무를 계속해야만 하는 이유는 없습니다. 앞서 대기업의 평균 근속연수가 10년이라고 했는데, 중소기업의 경우는 평균치가 이 절반정도 입니다. 이렇게 보면 회사를 평균적으로 5~10년 사이에 한번은 옮기나 봅니다. 직장 생활을 30년 한다고 치면 최소 3번 많으면 6번은 옮긴다는 의미입니다. 지금 마음에 안 드는 그 회사가 계속 마음에 안 든다면, 옮기는 기회를 만들면 됩니다.

업무분야는 어떨까요? 회사를 평균적으로 최소 3번을 바꾼다고 했는데, 담당 업무는 자주 바꿀까요? 담당 업무를 바꾸는 경우가 회사를 바꾸는 경우보다는 드문 편입니다. 담당 업무를 바꾸는 걸 기업에서 용납하지 않는다기보다는, 스스로가 업무를 바꾸려 하는 직장인이 드문 편입니다. 한번 시작하고, 몸에 익으면, 그 일을 손에서 놓지 않으려는 심리입니다. 처음에 A업무를 원했으나, 어쩌다 보니 B를 맡게 되고, 시간이 지나면서 B가 익숙해지면 대부분의 직장인은 B를 떠나려 하지 않습니다. 비겁하다고 생각하지는 않지만, A를 원했던 마음이 진정으로 간절했는지 의문이 듭니다. 담당 업무를 바꾸는 게 회사를 바꾸는 것보다 더 어려운 일이지만, 여러분의 바람이 일시적인 것이 아니라면 불가능한 일이 아닙니다. 한 번에 바꾸는 게 어렵다면 B와 A사이의 다른 업무를 중간에 한 번 거쳐서 옮길 수도 있습니다.

요컨대 회사건 업무건 옮기는 건 가능합니다. 평균적으로 회사를 바꾸는 게 더 쉬울 뿐이고, 업무는 한번 시작하면 타성에 젖어 잘 바꾸지 않으려하는 것뿐입니다. 마음에 안 들더라도 일단 시작해보면 좋겠습니다. 해보고도 마음에 안 들면 그 때 다음 단계를 향해 나아가면 됩니다.

회사도 꽝, 업무도 꽝

여러분이 선호하지 않는 회사에서 관심 없던 업무를 맡게 되는, 여러분이 최악의 취업조건 이라고 여기는 상황을 얘기해보려 합니다. 취업이 어렵다, 어렵다하지만 이렇게 취업하려는 학생은 내 경험상 드문 편입니다. 그런데 말입니다. 반년을 찾고, 일 년을 찾아도 이런 기회만 여러분에게 열린다면 어떻게 할 겁니까? 통계적으로 정해진 기간은 없으나, 졸업 후 일 년을 찾아도 그 이상의 기회가 없다면, 일단 그 일에 뛰어들면 좋겠습니다. 일 년을 찾아봐도 그 이상의 기회가 없다면, 냉정하게 말해서 여러분에게 뭔가 괄목할만한 성장이 있기 전에, 사회는 여러분에게 당장은 그 이상의 기회를 주지 않는다는 의미입니다.

현실 속, 사회 속으로 일단 뛰어들기 바랍니다. 그 후는 둘 중 하나입니다. 예전에 품었던 본인의 바람을 삭히고, 잊으며 현실에서 주어지는 일에 매달릴 수도 있고, 현실 속에서 스스로를 쉼 없이 연마하여 본인이 품었던 꿈을 향해 또 다른 기회를 잡을 수도 있습니다. 물론 어렵습니다. 쉬운 현실에 머물건 어려운 도전을 하건 그건 나 자신의 선택입니다.

32. 친구보다 연봉 낮은 회사에 가서 자존심이 상해요.

500만원이 당신을 슬프게, 분노하게 하나요?

'동기들은 보통 3,200~3,300을 받는 곳에 취업했는데, 제 직장 초봉은 2,800입니다.' 기분 좋은 일은 절대 아니죠.

게임이론(Game theory)에서 다루는 최후통첩게임을 아나요? A, B 두 사람을 게임에 참가시킵니다. A에게 만원을 준 후, B에게 이 중 얼마를 나눠줄지 제시하게 하고, B가 이것을 수용할지 결정하는 게임입니다. 예를 들어 A가 B에게 4천원을 주고 본인이 6천원을 갖는다는 제안을 합니다. B가 이를 수용하면 A가 6천원, B가 4천원을 갖게 되고, B가 이를 거절하면 둘 다 한 푼도 못 갖는 게임입니다. B는 A가 얼마 정도를 제시할 때, 제안을 수용할까요? 여러 나라에서 반복된 실험에서, B는 5:5에 가까운 수치가 아닌 경우, 즉 A가 자신보다 좀 더 갖으려고 욕심을 부리는 경우에, 둘 다 한 푼도 못 받는 것을 선택했습니다. 자신이 받을 수 있는 돈을 모두 포기해서라도 부당하게 욕심을 부리는 A를 응징하려는 겁니다.

여러분이 같은 학번 친구들과 여러분 사이에 생기는 500만원의 갭(Gap)에 대해 괴로워하는 이유는 둘 중 하나입니다. 동기들이 그 정도는 여러분보다 더 받을만하다는 걸 알면서도 시샘이 나고 슬픈 경우, 아니면 동기들이 여러분들 보다 더 받는 걸 매우 부당하다고 여기는 경우입니다. 후자의 경우 최후통첩게임의 심리가 작용해서 박탈감과 함께 분노가 여러분을 괴롭힙니다.

당신에게 직업은 어떤 의미인가요?

회사를 왜 다니나요? 이 질문에 뭐라고 답하겠습니까? 남들도 다 다니니까, 먹고 살아야 하니까, 보람된 일을 하려고, 보통 이 정도의 대답을 합니다.

- 남들도 다 다니니까 → 회사에서 일을 하는 게 당연하다는 의미인데, 실제로는 왜 일을 하는지 모르는 경우입니다.
- 먹고 살아야 하니까 → 회사는 돈을 버는 곳이고, 그 이상의 가치를 부여하기 어려운 경우입니다.
- 보람된 일을 하려고 → 내가 하는 일이 내 삶의 가치와 연결되어 있다는 시각입니다.

심리학자 매슬로우는 인간이 가진 욕구를 다섯 단계로 설명합니다. 각 단계에 존재하는 욕구가 인간을 움직이는 동기가 됩니다. 아래부터 1단계라고 하면, 1단계는 경제적인 수단, 돈을 벌어주는 곳으로 여러분에게 동기가 되는 겁니다. 직장이 단지 먹고 살기 위한 해결책일 뿐이라면, 그 직장은 여러분에게 1단계 동기를 자극할 뿐입니다. 앞서 공무원에 대해 얘기했습니다. 공무원을 원하는 사람들에게는 2단계인 안전, 안정에 대한 욕구가 공무원을 선호하게 합니다. 대기업과 중소기업을 비교하자면, 대기업은 중소기업에 비해 더 큰 사회적 소속감(3단계 욕구)을 주고, 잘 알려진 기업브랜드는 여러분에게 더 만족스러운 사회적 인정, 존경(4단계 욕구)을 줍니다.

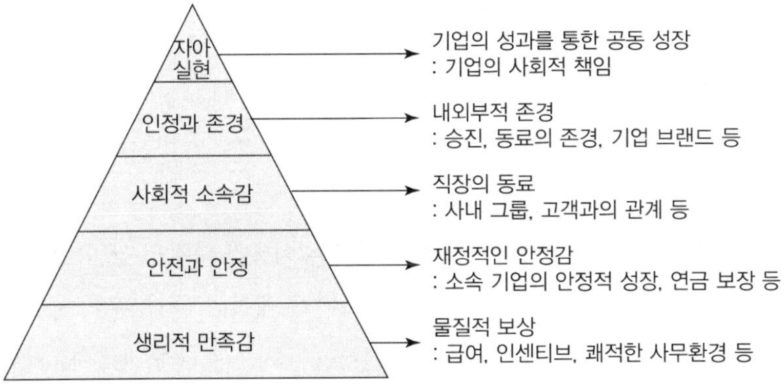

정리하자면, 어떤 직장이건 물질적 보상이 충분하면 1단계 동기가 되고, 지속성에 대한 믿음이 가면 2단계 동기가 됩니다. 많은 사람들과 만나고 큰 그룹 내에 속해 있는 느낌을 받으면 3단계 동기와 관련되고, 여

러분이 속한 기업의 규모가 크고 선망 받는 직장일수록 4단계 동기를 제공합니다.

5단계 동기, 자아실현이라는 심오한 동기는 어떻게 달성이 될까요? 어떤 기업이 여러분에게 5단계를 만족시켜 줄까요? 여러분이 직업을 갖는 궁극적 목표, 직업과 삶을 통해 이루고자 하는 바가 정해져 있고, 그것이 여러분의 직장, 직업을 통해 달성되고 있음을 느낄 때, 우리는 직업을 통해 5단계 동기인 자아실현에 이르게 됩니다. 훌륭한 직장이어서 여러분에게 5단계 동기를 이루게 해주는 게 아닙니다. 여러분 스스로 삶의 목표와 직업관을 확립할 수 있을 때, 5단계에 도달할 수 있습니다.

냉혹한 사회에서 필요한 현명한 판단

같은 학번 친구가 여러분보다 500만원을 더 받는 상황으로 돌아가 봅시다. 첫째, 동기들이 그 정도는 나보다 더 받을만하다고 인정되는 상황이라면, 스스로도 알겠으나 당신의 실력이 부족하기 때문입니다. 스스로를 갈고 닦아서 몇 년 뒤를 바라보면 됩니다. 지속적으로 마음에 걸린다면 몇 년 뒤를 바라보고 준비하세요.

둘째, 동기들과 나 사이에 갭이 존재하는 이유가 납득이 안 되어 분노심이 끓어오르는 경우입니다. 여러분 동기가 배경이 좋건, 운이 좋았건 간에 그게 현실임을 지금은 겸허히 받아들이기 바랍니다. 배경이나 운, 그 모두가 그 사람이 지닌 그 사람의 조건입니다. 이 경우에도 당신이 할 수 있는 건, 시간을 갖고 준비하는 방법뿐입니다. 여러분이 분노하는 몇 명의 동기가 아니라, 배경, 운으로 결정된 사회 환경을 따라잡으면 됩니다. 500만원에 10년을 곱하면 5천만원입니다. 10년 뒤에 당신이 자신의 배경과 운을 스스로 만들어, 본인이 원하던 자리에 선다면 그 몇 배의 정신적, 경제적 보상을 받을 수 있습니다.

500만원의 갭에 대해 납득이 되건 안 되건, 요점은 돈이라는 문제를 좀 더 멀리 바라보고, 길게 생각하며, 준비하라는 것입니다. 그러나 이 얘기는 연봉에 대한 집착을 놓기 어려운 경우를 위한 조언입니다. 나는 그보다 여러분이 매슬로우의 욕구 모델을 다시 생각해봤으면 합니다. 연봉 차이가 여러분의 자존심을 건드릴 수 있고, 삶의 물질적 수준에 차이를 가져오기는 합니다. 그러나 이는 대부분 1, 2단계에 해당합니다. 어느 조직에 소속되어(3단계), 어떤 인정과 평가를 받고(4단계), 본인이 추구하는 삶의 가치가 직업을 통해 이루어지고 있는지(5단계) 생각해보기 바랍니다. 배고픈 삶을 살라는 조언도 아니고, 배고픈 삶을 합리화하려는 것도 아닙니다만, 나는 여러분들이 작은 물질적 차이보다는 좀 더 멀고 큰 목표를 바라봤으면 합니다.

K군의 두 번째 꿈

학부 시절 K군의 경력은 어떤 선후배들도 따라올 수 없을 정도로 화려했습니다. K군은 졸업 후 금융투자회사에서 일하게 되었습니다. 벤처기업 대상의 투자 업무를 담당했습니다. 처음 2~3년간은 실적이 신통치 않았으나, 업무를 어느 정도 익힌 후부터 K군의 성과는 그 쪽 업계에서 꽤 좋은 편이었습니다. K군의 수입은 다른 직장에서 일하는 같은 학부 출신 친구들에 비해 두 배는 족히 되었습니다. 비싼 양복을 입고, 친구들에게 가끔 술도 사주며, 주변 친구들에게 부러움의 대상이 되었습니다. 그러나 K군의 마음은 왠지 허전했습니다. 자신이 하고 있는 투자 업무가 때로는 그저 꽤 고급스러운 돈놀이일 뿐으로 여겨졌습니다. 어느 날 K군은 평소 알고 지내던 한 교수님의 부탁으로 대학에서 특강을 하게 되었습니다. 생각보다 너무 신나는 일이었다고 합니다. 그 후로 스스로 여기저기 강단에 설 기회를 찾았습니다. 본인이 다른 사람에게 자신의 지식을 전해주고, 사람들이 그 지식을 통해 성장하는 모습을 보는 게 다른 무엇보다 K군을 행복하게 했다고 합니다. K군은 대학원을 다니기 시작했습니다. 10년 가까운 시간을 들여, 박사과정을 마친 K군은 현재 대학에서 학생들을 가르치는 교수가 되었습니다. K군과 같은 직장(금융투자회사)에서 근무하던 분들은 현재 K군보다 4~5배의 연봉을 받는다고 합니다. 그러나 K군은 지금 자신의 삶, 자신이 꿈꾸는 미래가 가장 행복하다고 믿고 있습니다.

33. 대학원은 어떻게 알아보고, 어떻게 지원하면 되나요?

※ 이 글은 학부생들을 위한 글이니, 여기서 얘기하는 대학원은 석사과정을 의미합니다. 해외 대학원보다는 국내 대학원으로 석사과정을 진학하는 학생들이 다수이므로, 이 글에서는 국내 대학원에 대해서만 얘기합니다.

현재 대학교 vs. 다른 대학교

본인이 학부를 마친 학교에서 대학원을 갈 수도 있고, 다른 학교 대학원을 갈 수도 있습니다. 학교를 옮기는 일을 무겁고, 복잡하게 여겨 현재 학교만을 생각하는 학생들도 많습니다. 그러나 나는 여러분이 가급적 다양한 경로를 열어두고 탐색해볼 것을 권장합니다. 현재 학교 내에서 다른 학과의 대학원, 다른 학교에서 현재와 다른 전공의 대학원도 대안이 됩니다.

대학원에서 본인이 공부하고 싶은 분야를 최대한 세부적으로 생각해보세요. 그리고 그 분야를 제대로 공부할 수 있는 대학원을 찾아야 합니다. 예를 들면 이렇습니다. 여러분이 학부에서 산업공학을 전공했는데, 기술경영이라는 분야를 더 공부하고 싶습니다. 그러면 산업공학과의 대학원이 아니라, 기술경영만을 전문으로 가르치는 기술경영대학원을 갈 수도 있습니다. 또는 경영학과 내에서 기술경영을 연구하는 교수님이 계시면 경영학과로 대학원을 갈 수도 있습니다. 학부에서는 한 과에 10명의 교수님이 있으면, 10명에게 골고루 수업을 들었을 겁니다. 그런데 대학원은 상황이 좀 다릅니다. 10명의 교수님 중 여러분의 지도교수가 초반(입학 전 또는 보통 한 두 학기 이내)에 정해집니다. 그러면 여러분은 그 분에게 좀 더 집중적으로 지도를 받게 됩니다. 이공계의 경우는 실험실이 있어서 수업이 없을 때는 그 실험실에 머물면서 다른 연구와 개인 공부를 합니다. 따라서 앞의 예처럼 여러분이 기술경영을 공부하고 싶은데, 그게 지금의 학교가 아닌 다른 학교 경영학과 교수님이 전문적으로 한다고 판단되면, 그 학교 경영학과 대학원에 진학해도 좋습니다.

요컨대, 본인의 현재 소속 학교, 학과에만 너무 집착하지 말고, 다양한 학교, 학과를 대상으로 찾아보기 바랍니다. 여러분에게 한 가지 희망적인 사실은 국내 대부분의 학교에서 학부 입학보다는 대학원 입학이 몇 배는 더 용이하다는 것입니다.

대학원은 어떤 학생을 뽑나요?

학교, 학과마다 학생을 뽑는 기준은 다릅니다. 따라서 인터넷으로 사전에 꼼꼼히 찾아봐야 합니다. 일반적으로는 학부 학점, 영어 성적, 학부 교수 추천서, 학업계획서, 자기소개서, 전공 및 인성관련 면접 등에서 일부를 가지고 선발이 됩니다. 영어에 대한 요구수준은 대기업 취업을 위한 수준보다는 꽤 낮은 편입니다. 토익 기준으로 500~800점 사이입니다. 학부 학점은 대부분의 학교에서 커트라인이 없는 경우가 많습니다. 3.0~3.5 사이면 큰 문제는 보통 없습니다. 더 낮아도 뽑히는 경우가 있고요.

기준은 위와 같지만, 교수 입장에서는 공부할 마음자세가 된 학생을 가장 원합니다. 학점 높고, 영어를 잘해도, 대학원에 단순히 스펙만 높이려고 오는 학생은 달갑지 않습니다. 대학원 공부는 학부과정과 달라서, 교수의 지도하에 함께 실험하고 연구할 학생을 원합니다. 여러분이 학점, 영어 등 수치화된 요소가 부족하다면, 추천서, 학업계획서, 자기소개서, 면접 등을 통해, 대학원을 진학하려는 목적과 마음가짐을 성실히 보여주면 됩니다.

알아보고 지원하는 방법

인터넷을 뒤지고, 선배들에게 묻고, 현재 학과 교수님들과 면담하고, 다른 학교 교수님들에게 이메일을 보내는 등 여러 가지 방법을 사용하기 바랍니다. 다음 단계를 참고하세요.

1단계, 대학원에 대한 전반적 정보를 수집하는 단계입니다. 현재 학교 교수님, 대학원생들과 상의해 보세요. 학부 교수님들 중에 가장 객관적, 중립적으로 여러분에게 의견을 줄 수 있는 분을 찾기 바랍니다. 여러분을 무작정 현재 학과 대학원에 오도록 하려는 분은 피하기 바랍니다. 같은 과 대학원생 선배들에게 대학원 생활이 어떠한지 자세히 들어보세요.

2단계, 인터넷을 통해 관심 가는 학교, 학과를 10개 정도 찾습니다. 학교 홈페이지, 해당 대학원 담당교수 홈페이지, 대학원생 커뮤니티 등을 살펴보세요. 여러분의 관심 분야와 맞는지, 지원 자격이 되는지, 졸업생들은 주로 어느 분야에서 일하는 지 등을 살펴보세요.

3단계, 관심 가는 10개 학교 중에서 5개 정도를 추려서, 전화, 이메일, 방문을 통해 상담해보세요. 여러분의 관심에 응하는 상대방(대학원 사무실, 담당교수, 기존 대학원생 등)의 반응은 매우 중요한 정보가 됩니다. 그 반응을 보고 그 대학원 과정의 분위기를 알 수 있고, 여러분의 대학원 생활을 예측할 수 있습니다. 입학 후 주로 어떤 공부를 하고, 실험실이 있다면 어떻게 운영되고, 여러분이 받을 수 있는 지원은 무엇인지 알아보세요.

4단계, 위의 5개 중에서 지원일정을 참고해서 2~3곳 정도 지원해보면 됩니다. 3단계에서 여러분이 지원하고자 하는 대학원의 담당교수가 여러분에게 많은 관심을 보였다면, 입학 가능성은 더욱 높아집니다. 앞서 얘기했듯이, 정량적인 기준만으로 학생을 선발하는 게 아니기 때문입니다. 혹시 지원한 2~3곳을 다 낙방했다고 해도, 너무 크게 낙심마세요. 대학원 재수는 대학 입학 재수, 취업 재수에 비해 성공가능성이 훨씬 높습니다. 본인이 이번에 부족했던 점을 찾아보고 그 부분을 집중적으로 보완하세요. 그리고 다시 앞의 2~4단계를 반복해보기 바랍니다.

34. 경제적으로 어려운데, 대학원 진학할 수 있나요?

대학원 생활에 필요한 비용

학부 시절과 비슷합니다. 대학원은 통상 4학기, 2년 과정입니다. 학부에서 2년을 보내는데 소요된 비용정도가 필요합니다. 등록금은 학부 때와 마찬가지로, 학교, 학과에 따라 차이가 큽니다. 일반적으로 보면 한 학기 기준으로 국립대의 경우 200~250만원, 사립대의 경우 450~500만원이 보통입니다. 일부의 경우지만 한 학기 등록금이 1천만원에 육박하기도 합니다. 관심 가는 학교의 홈페이지를 통해 등록금을 정확히 확인하세요.

등록금 외에 책값, 용돈, 생활비 등이 필요하겠죠. 개인마다 편차가 있어서 얼마가 든다고 딱 잘라서 얘기하기는 어렵지만, 학부시절보다는 지출이 좀 더 됩니다. 본인이 비슷한 패턴을 유지한다고 해도, 나이가 들수록 지출되는 돈의 규모가 좀 더 커지잖아요.

대학원 비용의 조달방법

이 부분은 같은 교수들 간에도 매우 민감하게 여기는 부분이어서, 서로들 얘기를 잘 안 합니다. 그러나 이 부분에 대해 의외로 너무 모르는 학생들이 많아서 이야기를 좀 해보겠습니다.

자기 스스로 등록금을 100% 조달하는 대학원생들은 비교적 적은 편입니다. 지원하려는 대학원 담당 교수에게 여러분이 받을 수 있는 경제적 지원 방법, 규모를 미리 정중하게 문의하기 바랍니다. 무례한 게 절대 아닙니다. 교수가 여러분에게 등록금을 지원해줄 수 있는 방법은 몇 가지가 있습니다. 교수가 외부에서 수주한 연구비에서 학생들에게 연구인건비 항목으로 비용을 지급할 수 있습니다. 교내에 있는 자체 장학제도를 통해 등록금을 지원받을 수 있습니다. 드물기는 하지만, 교수가 개인자금으로 대학원생에게 등록금을 지원하기도 합니다.

여러분이 입학하는 시점에서 교수가 3~5년 동안 수행하는 연구과제가 있다면 그 과제를 통해 큰 문제없이 연구인건비를 여러분에게 지급할 수 있습니다. 과거에 끊이지 않고 다양한 연구과제를 해온 경우에 좀 더 안정성이 높겠지요. 그러나 교수가 외부 연구과제를 자기 마음대로 수주할 수 있는 건 아닙니다. 따라서 연구인건비를 통해 여러분을 지원하겠다는 약속이 법적 계약서처럼 100% 지켜진다고 보기는 어렵습니다. 중간에 연구과제가 중단되거나, 신규 연구과제 추진이 무산될 경우 등록금

지원이 끊기기도 합니다. 교내 장학제도도 학교 사정에 따라 자주 바뀌는 편이므로, 완전히 의지하기는 어렵습니다. 다만, 이런 경우는 있습니다. 여러분이 입학 시점에서 A라는 장학프로그램으로 입학이 되고, 그 프로그램이 최소 향후 3년 간 유지된다는 보장이 있으면, 여러분은 그 프로그램을 통해 장학금을 안전하게 받을 수 있지요. 마지막 방법인 교수 개인 자금으로 등록금을 지원해주는 경우는 교수와 학생 모두에게 가장 부담스러운 경우입니다.

등록금을 위와 같은 방법으로 해결했다고 해도, 추가적인 비용, 생활비가 필요하겠지요. 이것까지 학교에서 해결되면 더 좋겠지만, 그렇지 못한 경우가 대부분입니다. 따라서 대학원 입학 전에 등록금 문제가 담당교수, 학교를 통해 해결되었다고 해도, 여러분의 생활비에 대한 대책은 미리 세워두기 바랍니다.

35. 진로가 확정 안 되었는데, 졸업을 유예할까요?

서글픈 풍속, 졸업유예

졸업에 필요한 학점, 어학, 자격증 등을 갖춘 상태에서, 학생 본인의 의지로 졸업을 미루는 제도입니다. 학교마다 차이가 있으나, 통상 한 두 학기 정도(학교에 따라 2년도 가능) 유예가 가능하며, 이 기간 중에도 학교에 등록을 하고 1, 2학점 정도는 이수해야 합니다.

졸업 전에 취업, 진로 문제가 해결나지 않은 학생들이 대학 졸업예정자 신분을 유지하기 위해, 유예를 선택합니다. 모 취업포탈 사이트의 조사에 따르면 이 비율이 졸업예정자의 40%정도나 됩니다.

나가서 준비하기 vs. 준비하고 나가기

'진로가 확정 안 되었는데, 졸업을 유예할까요?'라는 질문은 결국, 졸업을 먼저 하고 취업을 알아보는 것, 유예를 해서라도 졸업예정자 신분으로 취업을 준비하는 것 중 무엇이 좀 더 유리한가입니다. 현 세대의 서글픈 풍속이지만 나는 졸업유예를 권합니다. 기업에서도 상당 수 학생들이 졸업유예를 통해 졸업예정자 신분을 유지하고 있음을 알고 있습니다. 그런데도 내가 졸업유예를 권하는 건 다음 두 가지 이유입니다. 첫째, 여러분의 마음 상태가 그 나마 편합니다. 학교와 고리가 끊어지지 않았고, 아직 나는 '졸업하고도 취업 못한 백수는 아니다.'라는 위안이 여러분을 조금이라도 덜 괴롭게 해줍니다. 둘째, 기업 입장에서 졸업유예의 실상을 모르지는 않으나, 그나마 졸업 후 이제까지 뭐했는가라는 부분을 덜 파고 들어옵니다. 이력서상으로 졸업 후 공백기가 휑하게 보이지도 않고요.

졸업유예를 하게 되면, 추가로 등록을 해야 하는 경제적 부담, 이미 마음이 떠난 학교에서 유예를 위해 학점을 좀 더 들어야 한다는 부담이 생기기는 합니다. 내가 얘기한 두 가지 장점과 여러분이 더 지게 되는 부담을 잘 저울질해서 선택하기 바랍니다.

서른 즈음에

대학시절을 떠나보낸 당신에게

고등학교 시절의 여러분에게 대학입학은 거대한 산이었을 겁니다. 그 산을 넘었고 처음 얼마간 여러분에게는 평탄한 길이 보였을 겁니다.

어느덧 대학시절을 떠나보낸 여러분은 이제 대학원 진학, 취업이라는 또 다른 산을 넘었습니다. 그 산 너머에서 여러분은 무엇과 마주쳤습니까?

대학원에 진학한 이들은 학부 때와는 너무 다른 시스템에 당황했을 것이고, 직장에 들어간 이들은 사회라는 정글 속에서 방향을 잃은 채 헤매고 있을 겁니다. 서른 즈음이 되면 인생의 반려자 찾기, 30대의 삶이라는 새로운 무게감이 가슴 속에 느껴집니다. 이 책의 마지막 챕터에서는 졸업 후부터 서른 즈음까지의 이야기를 몇 가지 해보겠습니다.

36. 대학원이 원래 이런 건가요?

대학원에 대한 이데아

혹시 다음 조건들을 모두 만족하는 대학원 생활을 꿈꿨던 것은 아니지요?

- 담당교수는 나를 위해 시간을 많이 할애해주고, 내가 모르는 게 있으면 항상 친절하게 가르쳐주며, 관련 자료까지 챙겨준다.
- 연구가 술술 풀려서, 논문은 술술 작성되고, 나와 담당교수 모두가

만족한다.

- 좀 어려운 일이 있더라도, 그래도 직장은 아니니까 비교적 여유롭게 내 시간을 보낼 수 있다.
- 졸업이 다가오면, 학부 때 쳐다보기 어려웠던 직장에 쉽게 취업이 가능하다.

'이 중 하나라도 내게 해당되면, 더 바랄 게 없겠다.'는 마음이면 다음 글을 읽어보기 바랍니다. 여러분에게 오히려 더 상처가 될 수도 있으나, 가장 현실적인 조언입니다.

지도교수에 대해 바로 아세요.

지도교수에 대해 이해하고, 소통하는 방법을 찾기 위한 노력이 필요합니다. 여러분의 지도교수에 대해 다음의 두 가지를 생각하세요.

첫째, 여러분의 지도교수는 여러분의 짐작보다 바쁜 경우가 많습니다. 강의 외에도 학과와 학교의 행정적 업무, 연구 수행, 논문 작성, 논문 심사, 외부 봉사 등 매우 다양한 일에 관여하고 있습니다. 아직도 학부 때의 단순한 시각으로 '교수님들은 왜 일주일에 9시간, 12시간을 강의하면서 얼굴을 마주하기 어려울까? 왜 내 고민에 먼저 관심을 주지 않을까?'라는 생각을 하면서 대학원 생활을 하고 있나요? 지도교수의 능력이나 관심이 부족하다고 생각하기 전에, 그들이 바쁘다고 생각해야합니다. 바쁜 사람에게 무언가를 얻어내기 위해서는 지속적으로 조르는 노력이 필요합니다.

둘째, 지도교수는 여러분의 일반적인 짐작보다 더 많은 능력을 갖고 있습니다. 여러분에게 수업에서 얘기해 주는 것 이상의 지식과 네트워크가 있습니다. 그렇다고 해서 지도교수가 여러분 스스로도 결정 못하고 있는 모호한 진로를 확정해주고, 일자리를 소개해주고, 엉망으로 작성한 논문을 다 고쳐줄 것이란 기대를 하면 안 됩니다. 이런 것들은 원래부터 여러분의 책임입니다. 지도교수가 도와줄 수 있는 것들은 많지만, 여러분이 해야 할 것들까지 의지하면 안 됩니다.

위의 두 이야기를 합치면 이렇습니다. 지도교수는 여러분의 고민을 먼저 살피기도 어렵고, 여러분이 스스로 해결할 일까지 떠넘기려 한다면 여러분 곁에서 더 멀어질 뿐입니다. 도움을 받을 만한 일에 대해서만 지도교수에게 반복적으로 부탁하고, 결과를 받아보기 바랍니다.

스스로 버티는 힘을 키우세요.

대학원 과정의 물질적, 시간적 지원을 해주는 가족들, 정신적으로 의지가 되고 즐거움을 나눠 주는 친구들, 학문적 지도와 조언을 해주는 지도교수, 이 모두가 여러분의 앞에서 사라질 수도 있음을 명심해야 합니다. 가족들의 물질적, 시간적 지원이 끊기면 어떻게 하겠습니까? 친구들의 격려와 도움이 없다면 어떻게 하겠습니까? 지도교수가 여러분의 연구 분야에 관심을 두지 않거나 인간적으로 멀어지려 한다면 어떻게 하겠습니까?

대학원에서 힘든 일이 생길 때마다 주변 사람들만 원망하는 학생들이 있습니다. 대학원은 자신이 원해서, 자신의 목적을 위해서, 스스로 노력의 결과가 무엇인지를 알아내기 위해 온 것입니다. 가족, 친구, 지도교수 등에게 그 책임을 넘기지 마세요. 그들은 단지 여러분의 선택을 일부 지지하고, 그 과정을 돕는 역할을 할 뿐입니다. 그들 모두가 여러분을 버린다 해도 스스로 꿋꿋하게 버틸 수 있어야 합니다.

대학원다운 공부를 하세요.

취업 준비의 시간을 벌기 위한 기간, 이력서의 학력란을 늘리기 위한 수단, 아름답지만 아쉽게 흘러가 버린 학창 시절의 연장, 이런 이유로 대학원을 왔나요? 아니면 그 목적이 무엇이건, 학문을 탐구하고자 하는 열정으로 대학원을 왔나요? 여러분이 대학원에 온 목적이 무엇이건 다음의 세 가지를 명심하세요.

첫째, 대학원다운 강의에 열심히 참여해야 합니다. 대학원 강의는 분명 학부와 다릅니다. 학부와 같이 일방적 강의 위주의 학습을 대학원에서는 기대하지 마세요. 그런 것을 기대했다면 차라리 다른 학부를 다시 들어가야 합니다. 대학원은 스스로 연구하는 능력을 키우는 과정입니다. 그러한 목적에 따라 강의가 진행됩니다. 그러한 강의에 열심히 참여하세요. 교수가 강의하는 내용을 받아 적고 암기하는 것을 목적으로 하지 마세요. 끊임없는 문제의식으로 기존 이론을 들춰보고, 자기만의 논리를 만들고, 그 논리를 검증할 수 있는 방법을 찾아야 합니다. 이론을 줄줄이 받아 적기를 원한다면 다른 학부를 다시 가거나 도서관에 널린 책들을 스승으로 삼아야 합니다.

둘째, 논문을 써야 합니다. 연구하는 방법을 제대로 배우고자 대학원에 왔다면, 여러분이 관여하는 프로젝트가 무엇이건 그 결과가 논문으로 남겨져야 합니다. 논문이란 불필요한 글 장난, 머릿속의 지식만이 참된 것, 이런 식의 독설을 내뱉고 싶은가요? 논문이라는 학문적 대화 방식 자체를 부정하고 싶은가요? 그렇다면 여러분은 인류가 수세기 이상을 통해 이룩한 학문적 틀을 모두 부정하는 것입니다. 그러한 수준의 부정은 여러분이 할 수 있는 것이 아닙니다. 그러한 주장을 하려거든 적어도 여러분이 한 분야에서 대가로 인정받는 업적을 이룩한 이후에 해야 합니다. 그렇지 않으면 여러분의 주장은 비겁한 자의 헛소리에 불과합니다.

셋째, 가능하다면 강의, 강연 경험도 쌓기 바랍니다. 대학원은 스스로 연구하는 능력을 키우는 과정입니다. 연구 주제의 선정, 진행 및 결과의 가치 증대에서 공통적으로 중요한 것은 다른 연구자들과의 소통입니다. 강의를 통해 본인이 연구하는 분야를 다른 이들에게 어떻게 전달할지, 전달받은 이들은 그 결과를 어떻게 받아들이는지 알게 됩니다. 이러한 과정은 여러분이 다른 이들과 원활하게 소통하는 방법을 다듬기 위한 좋은 밑거름이 됩니다. 대학원 과정에서 가능하다면 출석 체크나 과제 채점 이상으로 강의, 강연 진행에 직접 참여하는 기회를 만들기 바랍니다.

석사논문을 찌라시로 만들지 마세요.

번화한 거리를 걷다보면 각종 찌라시(광고 전단지)를 나눠주는 분들이 많습니다. 덮어놓고 받다보면 어느새 10여개의 찌라시가 손에 쥐어져있습니다. 여러분은 그 찌라시들을 어떻게 하나요? 대부분 큰 글씨도 제대로 확인하지 않고 휴지통에 넣을 겁니다.

여러분이 석사과정을 마치면서 남기는 논문이 그러한 광고 전단지 취급을 받게 되기를 원하나요? 여러분의 자존심이 이를 허락하나요? 대부분의 대학은 석사과정 이상의 논문을 전산화하고 있고, 그 결과로 대학도서관과 각종 학술DB의 홈페이지에서 석사논문의 원문을 손쉽게 찾아볼 수 있습니다.

자존심을 버리기도 싫고, 여러분의 논문을 영원히 숨길 수도 없다면 최대한 제대로 논문을 쓰고 졸업할 생각을 하기 바랍니다. 석사논문은 여러분이 보낸 석사과정에 대한 학문적 성과의 결정체입니다. 여러분이 석사 과정을 통해 학교, 소속 학과, 연구실 등에 어떠한 기여를 했건 여러분의 석사논문이 엉터리라면 여러분의 학문적 성과는 결국 엉터리로 평가받습니다. 석사논문으로 노벨상을 노릴 정도의 성과를 만들라는 것은 아닙니다. 석사논문을 완성하는 시점에서, 적어도 스스로에게 부끄럽지 않은 정도의 결과물을 남기고 졸업하기 바랍니다.

37. 내가 어쩌다가 이런 회사에서 일하게 되었을까요?

졸업생이 보내온 편지

직장에 다니는 졸업생들에게 가끔 장문의 이메일이 옵니다. 편지의 서두는 안부인사가 길게 늘어지지만, 그 편지의 중반부터는 직장 생활에 대한 혼란으로 가득합니다. 그런 편지를 쓰고 싶은 상황이 오면 다음 글을 읽어보세요.

이론과 현실은 다른 게 당연합니다.

내 선배의 선배 때부터 들어오던 말입니다. '이론과 현실은 다르다.' 나는 이 말에 동의합니다. 학교에서 이론을 가르치는 사람이 이런 말을 하니 좀 이상한가요? 다르다면, 현실에서 써먹을 수 없는데, 대체 왜 가르치는지 의문이 드나요?

학교에서 가르치는 이론은 군대에서 실시하는 군사훈련과 같습니다. 군사훈련을 한다고 해서 실제 사람 간에 총질을 하지는 않지요? 사람을 겨누게 되는 상황은 실제 전쟁이 발생할 때 입니다. 빈총을 갖고 연습하고, 종이 표적지를 세워놓고 사격훈련을 하는 과정을 대학의 이론 공부 과정이라고 생각하면 됩니다. 실제 사람을 겨누는 상황이 아니라고 해서, 군대의 빈총 훈련, 종이 표적지 맞추기가 무의미한 것은 아닙니다.

현실이 이론과 다르다고 이론을 머릿속에서 지우면 안 됩니다. 오히려 이론을 더 깊게 파고 들어서, 현실의 문제에 어떻게 응용해서 써먹을지를 고민해야 합니다. 응용방법을 미리 알려주면 더 좋겠지요. 그러나 현실의 상황은 너무나도 다양해서 그 모든 상황에 대해 미리 응용방법을 알려주는 건 불가능합니다. 그 모든 상황을 수업시간에 실제로 재현하기에는 현실적 제약이 크고요. 그러다보니 학교에서는 이론을 위주로 설명하고, 몇 개의 예제와 사례를 다루는 겁니다. 그것을 기반으로 각자의 상황에 응용하기 위한 노력은 여러분의 몫입니다.

보스(상사)는 이상한 사람인 경우가 원래 많습니다.

블레이크 & 모튼은 직장에서 리더를 다음의 그림과 같이 나누었습니다. 수평축은 업무를 잘 리드하는가이고, 세로축은 인간관계를 잘 관리하느냐 입니다.

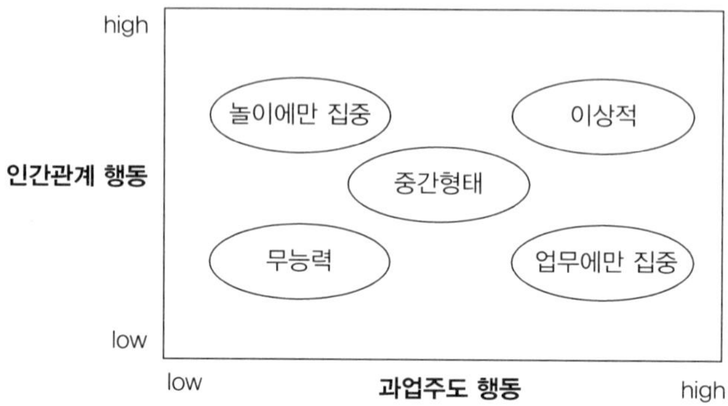

모두 잘하는 이상형과 모두 보통인 중간형을 제외한 다른 3개 타입의 리더를 만나면 우리는 그를 이상한 보스라고 생각합니다. 여러분이 노는 것을 아무리 좋아한다 해도 놀이에만 집중하는 보스가 탐탁하지는 않습니다. 업무에만 집중하는 타입도 인간적인 거리감 때문에 힘들고요. 그렇다고 이상적인 리더가 꼭 좋은 것만도 아닙니다. 배울 점이 많으나, 여러분 입장에서 넘어서기 어려운 큰 산처럼 보일 겁니다.

보스를 바꾸려는 시도는 하지 않는 편이 좋습니다. 그 사람의 타입을 인정하고, 그 타입의 장점을 잘 활용하면 됩니다. 놀이에만 집중하는 타입은 다른 부서, 다른 팀원과 문제가 생겼을 때 윤활유 역할을 해주는 보스입니다. 업무에만 집중하는 보스는 여러분이 업무에서 막히는 부분이 생겼을 때, 자존심을 버리고 매달리면 자신의 일처럼 나서서 도울 사람입니다. 그렇다고 어디 가서 여러분이 무능력하다고 떠벌리지도 않을 겁니다. 다른 사람들과 사적으로 잘 어울리지 않으니까요. 무능력한 보스는 여러분의 갈등해결이나 업무상 도움은 안 됩니다. 그러나 이 타입에도 장점은 있습니다. 여러분의 아이디어를 좀 더 강하게 제시할 수 있으며, 개인적인 생활에 간섭을 안 받게 됩니다.

악질직원은 어디에나 있습니다.

악질직원이라는 단어를 읽고 머릿속에 떠오르는 사람이 있나요? 그 사람이 다음의 두 가지 특징을 갖고 있는지 생각해보세요.

- **악질직원 수칙 1:** 동료의 기운을 빼내는데 탁월한 재주가 있으며, 동료에게 수치심을 안겨주는 것을 즐긴다.
- **악질직원 수칙 2:** 주로 자신보다 힘없는 이들을 이렇게 대한다.

여러분이 더럽게 운이 없어서 그런 동료를 만난 게 아닙니다. 그런 사람은 어디에나 있습니다. 실리콘밸리의 한 벤처기업에서 악질 한 명의 폐해를 금액으로 환산해봤다고 합니다. 그 액수가 연간 16만 달러라고 합니다.

부정적인 감정과 긍정적인 감정이 사람에게 주는 영향력에는 5대 1의 법칙이 존재합니다. 한 명의 악질직원이 여러분을 괴롭히면, 좋은 동료 다섯 명이 여러분을 돕는 것을 상쇄한다는 의미입니다. 이렇게 심각한 악질직원들을 왜 기업에서는 못 없앨까요? 기업들이 악질직원 문제를 모르는 건 아닙니다. 심하게 얘기하자면, 바퀴벌레가 지구상에서 없어지지 않는 것과 같습니다. 바퀴벌레를 어떻게 대처하면 될까요? 여러분이 제거할 수 있는 힘이 있다면 제거하면 되고, 그렇지 않다면 해충이니까 피해야 합니다. 여러분은 아직 힘이 없으므로, 우선 피하세요. 그를 피하는 여러분이 비겁한 게 아닙니다.

직장에서 돈만 벌지 마세요.

내가 하는 일, 내가 속한 직장이 어떤 가치가 있는지, 스스로 확신하고, 설명할 수 있어야 합니다. '친구보다 연봉 낮은 회사에 가서 자존심이 상해요.'에서 매슬로우의 욕구 5단계 모델을 이야기 했습니다.

여러분은 꽤나 어렵게 취업했을 것이고, 회사에서 주는 급여가 달콤한 꿀처럼 느껴질 겁니다. 꿀 맞습니다. 그러나 꿀에만 취하지는 마세요. 회사에서 주로 채워주는 하위 단계 욕구에만 집착하지 말고, 장기적으로 상위 단계 욕구에 대한 고민을 해보기 바랍니다. 많은 꿀을 먹고, 배가 부른 시기가 올 겁니다. 처음에는 그 배부름이 나른하니 좋겠으나, 얼마 지나지 않아 공허하고 불쾌한 느낌까지 주게 됩니다. 상위 단계에 대한 고민은 그 공허함과 불쾌함에서 여러분을 구해주는 역할을 합니다. 수십 년 후 여러분이 죽는 순간 무엇을 후회할까요? '돈을 좀 더 벌었어야 했는데', '돈을 더 벌어서 3억짜리 스포츠카를 샀었어야 했는데', 이런 생각으로 삶을 마감하지는 않을 겁니다.

그 배가 영원하지는 않습니다.

지금 여러분의 모습은 다른 누군가가 만든 배, 노련한 선장이 이끄는 배의 선원과 같습니다. 지금 타고 있는 그 배가 얼마나 훌륭하고, 안전하게 느껴집니까? 어떠한 파도에도 끄떡없고, 지금의 여정이 영원하리라 믿습니까? 부도난 대기업에서 어쩔 수 없이 자리를 비우고 나오는 사람들이 많이 하는 얘기가 있습니다. '나는 우리 회사가 망할지는 꿈에도 생각 못했다.', '이 회사 그만두면 어디서, 뭘 할지, 전혀 모르겠다.' 이런 생각들을 미리하고, 계획을 세워두기 바랍니다. 여러분 회사가 조만간 망한다는 게 아닙니다. 사고에 의해서건, 자발적이건, 지금의 배에서 여러분의 자리를 비울 때가 왔을 때, 여러분만의 항해를 하기 위한 준비를 항상 하기 바랍니다.

바다는 영원합니다. 당신의 항해는 당신이 생을 마감할 때까지 이어집니다. 그러나 당신이 지금 타고 있는 그 배에서, 당신은 평균적으로 향후 5~10년 사이에 하선해야 합니다. 선주(船主, 배주인)의 계획에만 의존하지 말고, 당신만의 멋진 항해 계획을 꿈꾸기 바랍니다.

38. 어떤 마음이 들면 결혼해도 되나요?

끝없는 결정의 연속

삶은 끝없는 결정의 연속입니다. 20대가 되기 전까지는 자신의 삶에 대해 스스로 결정할 부분이 그리 많다고 여기지 않았을 겁니다. 20대 대학시절을 보내고, 서른 즈음이 되어가면서 스스로 결정할 것들이 점점 더 많아집니다. 스스로 결정한다는 것은 그에 대한 모든 책임도 스스로 져야 한다는 의미입니다.

가장 크고 무거운 결정

사람마다 관점이 다르겠으나, 나는 인생에 있어 배우자를 선택하는 것이 가장 크고 무거운 결정이라고 생각합니다. '선택'이라는 단어가 조금 거슬릴 수도 있겠으나 '선택'이 맞습니다. 내가 상대방을 선택하고, 상대방도 나를 선택했을 때 우리는 평생을 의지할 서로의 반쪽이 됩니다.

나이에 밀려서, 친구들 중 혼자만 싱글인 상황에 쫓겨서, 부모님의 잔소리에 치여서 인생에 있어 가장 크고 무거운 결정을 성급하게 내리지 않기 바랍니다.

당신은 어떤 반려자인가요?

먼저 당신의 현재 모습을 되돌아봅시다. 일주일에 삼사일은 술자리를 갖고, 하루 한 갑씩 담배를 피우고, 만들 수 있는 음식 한 가지 없고, 자고난 이부자리도 정돈 안하고, 명품이 아니면 거들떠보지도 않고, 상대방의 말을 5분 이상 듣고 있지 못하고, 입에 욕을 달고 사는 게 당신의 현재 모습이라고 가정해봅시다. 만약 결혼을 한다면 당신은 어떻게 살아갈 건가요? 현재 당신의 모습을 바꿀 생각이 있나요? 아니면 당신의 이런 모습들을 그대로 받아줄 반려자를 원하나요?

당신이 어떤 반려자를 선택할 것인가를 생각하기 이전에 당신이 어떤 반려자가 될 것인가를 먼저 생각하기 바랍니다. 당신이 상대방을 위해 바꿔갈 것은 모두 접어둔 채, 당신의 모든 것을 이해하고 맞춰줄 상대방을 찾고 있다면 당신은 반려자가 아닌 노예를 찾고 있는 겁니다. 당신이 찾고 있는 사람이 반려자인지 하인(下人)인지를 먼저 생각해보기 바랍니다.

반려자를 찾고 있다면,

당신이 하인이 아닌 반려자를 찾고 있다면, 이 글을 마저 읽어보기 바랍니다.

어떤 것을 고려해서 배우자를 선택하면 될까요? 외모, 교육수준, 경제력, 인품, 가치관, 주변 환경 등 여러 가지 요소가 생각날 겁니다. 생각을 하면 할수록 여러 가지 비논리적 요소와 감성적 요소까지 머릿속에 파고들어와 더 알쏭달쏭한 상태가 될 겁니다.

'여러 요소를 두루두루 살펴서, 골고루 무난한 사람을 찾아야 한다.', '여러 요소를 다 살피다보면 아무도 못 찾게 되니, 한 두 부분만이라도 잘 맞으면 그 사람을 잡아야 한다.' 흔히 이 두 가지의 조언을 많이 합니다. 어느 한 부분이 강렬하게 매력적이지 않아도 두루두루 무난한 사람, 부족한 부분이 많지만 일부분이 나에게 정말로 매력적인 사람, 이 둘 중에서 어느 쪽이 내게 더 좋은 짝일까요? 정해진 답은 없습니다. 때로는 전자가 때로는 후자가 당신에게 답이 됩니다.

여러 가지 음식을 골고루 맛볼 수 있는 뷔페식당이 있습니다. 다양한 음식이 나오지만, 초밥은 일식집보다 못하고, 스테이크는 양식집보다 못한 뷔페식당입니다. 그 옆에 다른 식당이 있습니다. 에피타이저는 없고 디저트가 있긴 한데 너무 형편이 없습니다. 반면에 메인 요리 하나는 정말 맛있게 합니다. 이 둘 중에서 어떤 식당이 더 좋을까요? 절대적인 답이 없지요. 이와 같습니다.

그래서 어떻게 하라는 건가요?

앞서 언급했듯이 당신이 상대방에게 어떤 반려자가 될지를 먼저 정해야 합니다. 그 다음에는 두루두루 무난한 배우자와 강렬한 매력 포인트를 가진 배우자 중에서 선택해야겠지요. 여기에 내 나름대로의 생각방법 하나를 더 추가해보겠습니다.

여러분은 살면서, 여러분의 인생을 통해 무엇을 이루고 싶습니까? 배우자를 흔히 인생의 '반쪽'이라고 합니다. 여러분이 이루고 싶은 꿈이 있다면, 그 꿈을 함께할 사람이 배우자입니다. 꿈을 향한 여정에서 마주치는 행복이나 고통을 함께 나눌 사람이 여러분의 배우자입니다. 행복이 온다면 그 행복을 절반 이상 나눠줄 수 있는 반쪽인지, 고통이 온다면 그 고통을 함께 견뎌낼 반쪽인지 생각해보면 좋겠습니다. 이 질문에 대해 망설임 없이 떠오르는 누군가가 있다면, 그 사람이 당신의 배우자감일겁니다.

상대방에게 어떤 반려자가 될지 먼저 생각하라고 강조했습니다. 여러분 역시 상대방이 꿈꾸는 미래의 행복을 절반 가까이나 나눠가질 수 있는 자격을 갖춘 사람이어야 하며, 그 사람의 꿈으로 인해 혹시 겪게 될 고통이 있다면 그 고통의 절반 이상을 함께 짊어질 각오도 해야 합니다.

요컨대, 당신이 가질 행복의 절반 이상을 나눠주고 싶은 누군가를 찾았다면, 그리고 그 사람이 질 고통의 절반 이상을 당신이 짊어져주고 싶다면, 그 사람이 당신의 배우자입니다. 인생에 있어 이런 사람을 몇 명이나 찾을 수 있을지 나는 모릅니다. 그러니 혹 주변에 그런 사람이 있다면 그 사람을 너무 오래 기다리게 하지는 마세요.

결혼이란 모든 게 다 준비되고, 채워졌기에 할 수 있는 것이 아닙니다. 누군가가 당신의 반쪽이 되어주고, 당신이 그 사람의 반쪽이 될 수 있다면, 둘이 함께 살아가면서 채워가는 겁니다.

39. 내가 원했던 일인데, 이상하게 행복하지 않아요.

먹고살 만한 일 vs 하고 싶은 일

분명히 여러분 스스로 원서를 넣고, 면접을 봐서 지금의 회사에서 일하고 있을 겁니다. 여러분은 회사에 지원할 때 어떤 면이 가장 끌렸나요? 급여수준이 높은 회사여서, 아니면 하고 싶었던 일이어서였나요? 먹고살 만한 일, 하고 싶은 일, 이 둘 중에서 지금 당신이 하고 있는 일은 어떤 일에 가깝나요? 두 가지 모두 만족스러운 일을 하고 있다면 당신은 정말 행운아입니다. 우리 사회에는 그렇지 못한 사람들이 더 많아 보입니다.

먹고살 만한 일의 공허함

먹고살 만한 일이어서 선택했지만, 일을 하다보면 그 속에서 새로운 것을 배우고, 예상하지 못했던 보람을 느끼기도 합니다. 그러면서 처음에는 기대하지 않았고 알지 못했던 당신 직업이 가진 의미를 찾게 됩니다. 그렇지 못한 경우가 문제입니다.

직장인은 출퇴근과 점심시간을 포함하여 하루의 절반인 12시간 정도를 직장에 투자합니다. 7시간 정도를 잔다고 보면, 나머지 5시간만이 하루 중에 온전히 자신에게 주어진 시간입니다. 당신에게 직장이 월급이외에는 티끌만한 의미도 주지 못한다면 당신은 5시간을 위해 12시간을 투자하는 셈입니다. 가족 부양을 위해 자신의 삶을 희생한다고, 가족 부양이 당신 직업의 의미라고 보고, 그 상황에 만족할 수 있습니다.

그러나 생계를 위한 수단으로만 존재하는 당신의 직장, 그 직장이 주는 만족감은 결국 당신 마음 한편에 큰 공허함을 남깁니다. 내 노동의 대가로 나와 가족이 배부르고 따뜻하게 지내지만, 내가 직장에서 하는 일이 이 세상의 오늘과 미래에 어떤 가치로 남는지 스스로 깨닫고 성취감을 느끼지 못한다면, 지금의 만족감이 당신을 언제까지 지탱해 줄지 모릅니다.

자신과 가족의 생계를 위해 당신이 하고 있는 일, 그 일은 경제적 수단 이외에 더 큰 가치를 가진 일입니다. 직장의 다른 누군가가 알려주지 않더라도, 당신 스스로 자신의 일을 돌아보며 당신이 하는 일이 어떤 가치를 갖고 있는지 찾아야 합니다. 당신이 하는 일의 참된 의미는 당신만이 찾을 수 있습니다. 당신의 마음속에 만족감을 넘어서는 성취감이 자리 잡도록, 당신이 하고 있는 일의 의미를 찾아보기 바랍니다.

하고 싶었던 일이었지만,

하고 싶었던 일을 하게 되었지만, 스스로 행복하다는 생각이 안 든다면 몇 가지 경우가 예상됩니다.

첫째, 당신이 추상적으로 생각했던 일과 현실의 일 사이에 존재하는 괴리감 때문입니다. 대학 졸업 후 첫 직장에서 이런 문제가 흔히 발생합니다. 직장에서 실제로 일을 해보지 않은 이상 학생들이 생각하는 일의 외형은 매우 추상적일 수밖에 없습니다. 그러다보니 막상 그 일을 실제로 하게 되면 본인이 생각했던 것과 다르다는 충격을 받는 경우가 많습니다. 정도의 차이만 있을 뿐, 세상 어떤 직업도 본인의 예상과 완전히 같거나 예상보다 더 좋은 경우는 드뭅니다. 당분간은 현재의 자리에 머물면서, 추상적으로 생각했던 일과 현실의 일 사이에 존재하는 괴리감이 참을 수 없는 수준인지를 좀 더 진득하게 생각해보면 좋겠습니다. 이건 아니다 싶어 선불리 직장을 옮겼다가, 새로운 직장에서 더 큰 괴리감에 고통을 받기보다는 지금의 자리에 조금 더 애착을 갖고 시간을 가져보기 바랍니다.

둘째, 하고 싶었던 것과 앞으로 하고 싶은 것이 다르기 때문입니다. 하고 싶었던 일을 하고 있는 현재 상황에 충분히 성취감을 느껴서, 이제 새로운 일을 하고 싶을 수 있습니다. 또는 지금 하고 있는 일에 새로운 의미를 더하여 더 큰 꿈을 꿀 수 있습니다. 사람이 가진 꿈은 끝없이 변하고 성장합니다. 당연한 현상입니다. 현재 상황이 당신에게 더 이상 성취감을 줄 수 없다면 새로운 꿈, 더 큰 꿈을 향해 도전하기 바랍니다. 도전하겠다는 마음을 먹는 것만으로 몸속 어딘가에 숨겨져 있던 에너지가 다시 행복하게 꿈틀거립니다.

셋째, 하고 싶었던 일을 하고 있고, 그 일이 행복합니다. 그러나 경제적인 보상이 부족하여 생계가 어려운 상황입니다. 직장에서의 시간은 행복하지만, 직장 밖의 일상이 궁핍한 경우입니다. 배고픈 꿈을 지켜야할지, 먹고살 만한 일을 찾아야 할지 고민이 될 겁니다. 해줄 만한 조언이 별로 없습니다. 너무나 아름다운 꿈이라면, 배고픔을 좀 더 오래 견딜만할 겁니다. 먹고살 만한 일을 하면서 그 일속에 숨겨진 보람과 의미를 찾을 수도 있습니다. 둘 중 무엇을 택하건 자신의 선택을 믿어보기 바랍니다.

마지막으로 내가 무척이나 좋아하는 정연두 작가님의 Bewitched(내 사랑 지니)를 여러분에게 보여주고 싶습니다.[1]

Bewitched(내 사랑 지니) #1
C-print
2001

1) Bewitched의 사용을 허락해주신 정연두 작가님께 진심으로 감사드립니다.

Bewitched(내 사랑 지니) #13
C-print
2001

주유소에서 일하고 있는 한국 청년의 꿈, 노천카페에서 홍차를 서빙하는 터키 청년의 꿈이 보입니다.[2] 여러분에게 지니가 찾아온다면, 어떤 소원을 빌고 싶은가요? 그 소원을 이룰 수 있는 힘은 지니가 아닌 여러분 자신에게 있습니다. 나는 그렇게 믿습니다.

---

2) 정연두 스튜디오 홈페이지(www.yeondoojung.com)를 방문하면, Bewitched 작품 전체를 볼 수 있습니다.

저자 소개

김상균 교수

학부에서 제어계측공학을 공부하고, 석사과정에서 산업공학을 전공했으며, 인지과학으로 박사를 받았다. 학부 졸업과 동시에 벤처기업을 창업하였고, 몇몇 중견 IT기업, 창업투자회사 등을 거쳐 2007년부터 강원대 교수로 재직 중이다. 강원대 최우수 수업상, 신소프트웨어상품대상, 장영실상, 컴퓨터정보학회 공로상, 한국산업기술평가관리원 원장상 등을 수상한 바 있다. 다양한 영역의 융합, 게임을 이용한 사회적 혁신에 관심을 갖고 있다.

email: saviour@kangwon.ac.kr

대학생활 고민상담 매뉴얼

교수님, 제 대학생활은 왜 힘들죠?

인쇄일 | 2017년 6월 25일
발행일 | 2017년 7월 3일
저 자 | 김상균
발행자 | 우명찬, 송 준
발행처 | 홍릉과학출판사
주 소 | 01093 서울시 강북구 인수봉로 50길 10
전 화 | (02) 999-2274~5, 996-8341, 903-7037
팩 스 | (02) 905-6729
이메일 | hongpub@hongpub.co.kr
등록일 | 1976년 10월 21일 제5-66호
ISBN | 979-11- 5600-529-2
http://www.hongpub.co.kr

값 13,000원